# 生活作文

作文教育思考与实践

蒋建波　著

吉林出版集团股份有限公司

全国百佳图书出版单位

图书在版编目（CIP）数据

生活作文：作文教育思考与实践 / 蒋建波著. --
长春：吉林出版集团股份有限公司，2023.3
ISBN 978-7-5731-3171-3

Ⅰ.①生… Ⅱ.①蒋… Ⅲ.①作文课—教学研究—小
学 Ⅳ.①G623.242

中国国家版本馆CIP数据核字(2023)第057627号

# 生活作文：作文教育思考与实践

SHENGHUO ZUOWEN:ZUOWEN JIAOYU SIKAO YU SHIJIAN

作　　者　蒋建波

出 版 人　吴　强

责任编辑　刘东禹

开　　本　710mm x 1000mm　1/16

印　　张　12.25

字　　数　220千字

版　　次　2023年3月第1版

印　　次　2023年8月第1次印刷

出　　版　吉林出版集团股份有限公司

发　　行　吉林音像出版社有限责任公司
　　　　　（吉林省长春市南关区福祉大路5788号）

电　　话　0431-81629679

印　　刷　吉林省信诚印刷有限公司

ISBN 978-7-5731-3171-3　　　定　价　68.00元

如发现印装质量问题，影响阅读，请与出版社联系调换。

# 跋

清清西塘，水波潋滟，光影轻曳。走进安康路 39 号，生活作文从那里出发，它植根于生活、鲜活于体验、着眼于未来。课程体系不断完善，"生活作文指引生命生长"的育人功能逐步显现。紫藤茂密，花穗秀丽，姹紫嫣红。温馨和谐的生态校园里景观典雅，树木葱茏，散布于校园各个角落的小小花舱，像极了孩子们追逐奔跑的灵动身影。一个个鲜活的生命在这里享受着生长的美好。

翘首东望，26 年前，生活作文流淌于西塘河畔，如今已悄然延伸到建湖的各条河流，滋润万顷良田。每一位江苏盐城建湖县实验小学的教师都拥有耕作者的情怀，勾勒朝阳下田地里禾苗生机盎然的教育生活图景，并一以贯之用自己的行动将它变为现实。从玉兰河畔湖阳路小学办公楼向窗外望去：湛蓝的天空下，校园绿树环抱；茂密的树林里，秋蝉在自由舒畅地喧嚣；热闹的湖阳路上，洋溢着学生和他们父母甜蜜的微笑。窗外红叶浸染的枫树和偶尔袭来的凉意让我意识到：秋天来了！受师友叮嘱编写的书稿终于要完成了！

本书是对自己加入生活作文课题组的一次梳理和回顾，同时也为热爱生活作文教学、研究生活作文教学的专家和老师提供一份资料。这项艰巨的工作非一两人可以完成，需要团结协作，需要广泛的参与和支持。部分生活作文研究经验和案例中有初期学习前辈和后来指导青年教师的印迹。借此机会，对历任校长和课题组的同事表示衷心的感谢，感谢他们为这本专著出版所付出的辛勤劳动！当然，最要感谢的还是亲爱的读者，是你们的支持，让我充分享受到一个热爱语文的人所能享受到的最大的幸福！

由于本人水平有限，书中错漏之处恳请同人赐教！

壬寅年九月初六

# 目 录

第一章

# 生活作文的理论前沿

# 第一节　生活作文的定义与特点

## 一、生活作文的定义

我们界定生活作文这个概念，关键在于对"生活世界"的界定，很多老师都认为生活作文就是以生活世界为写作内容的作文活动。何谓生活世界？按传统的主客观对立的观点来看，生活世界就是一个外在的客观世界。这种观点的最大问题就在于容易导致学生认为真实的生活世界就是外在的客观世界，而忽视自己独特的生命体验，使原本具有个性化的主观世界成为一个普遍性的客观世界。

从现有的关于生活作文教学研究的文献来看，少有研究者对生活世界这一基本概念进行界定。近几十年的硕博士论文中研究者都借用他人的概念，认为生活作文就是写真实的生活世界的作文。实际上，在现象学哲学中，生活世界是一个基本概念，胡塞尔、海德格尔、梅洛·庞蒂、哈贝马斯等都对生活世界进行了界定，当代文艺学、教育学也常常在现象学意义上使用"生活世界"这一概念。我们这里谈及的生活作文的对象正是现象学家们关注的那个"生活世界"。

首先，生活世界是一个直观的知觉世界。胡塞尔认为，生活世界是"通过知觉实际地被给予的、被经验到并能够被经验到的世界"，他明确地把生活世界界定为一个知觉世界。梅洛·庞蒂在《知觉现象学》中认为"现象"就是"生活体验，其他人和事物正是在其中被给予我们"。有学者就指出："梅洛·庞蒂所认为的作为知觉现象学研究的现象场不是别的，正是胡塞尔所说的生活世界。"因此，生活世界是一个直观的知觉世界。

其次，生活世界是一个文化世界。这个世界"不仅仅是一个缄默的、感知的直观世界，而且是对当下呈现的、具体的、历史的世界及其各种文化产物的一种体验"。因此，胡塞尔的生活世界是一个文化世界。同样，在梅洛·庞蒂看来，"现象学的世界不属于纯粹的存在，而是通过我的相互作用，通过我的体验和他人的体验相互作用，通过体验对体验的相互作用显现的意义。因此，主体性和主体间性是不可分的。"在这里，有学者认为生活世界是一个主体性和主体间性统一的世界，直观的生活世界会不自觉地被主体文化意识所构造。因此，在现象学家们看来，生活世界就是一个文化世界。

基于以上对生活世界内涵的现象学界定，我们认为生活作文的本质就是以直观的生活世界为对象在反思和表达中重构精神世界的写作活动，而生活作文就是学生在反思和重构中发现和凸显生活文化意义的写作活动，是以人为文，以文化人的修身养德螺旋上升的过程。文化意义在这里包括两个层面的意义：一是文化表层意义，比如生活事件中呈现出的优秀传统文化、革命文化、社会主义先进文化；二是深层意义，比如蕴含于文化生活事件中具有群体性的世界观、人生观、价值观。生活作文教学需要教师引导学生从表层的文化生活写作逐渐进入深层的文化生活写作。

从现象学角度定义生活作文，能够让教师和学生明白：生活作文面对的生活世界本身就是一个隐含文化视角的世界，个体的文化观念潜在地参与了日常生活世界的构造。因此，只要能从文化的角度去观察和反思生活世界，就能发现生活世界的文化意义。而且，这样还能避免把生活世界外在化和客观化，便于发现在日常生活中深层文化价值观隐秘发挥作用的途径，更有利于揭示生活世界的深层文化意义。

训练性作文以作文技能的达成为目标，生活作文以遵循学生身心发展规律和核心素养形成的内在逻辑，以生活为基础，以语文实践活动为主线，让"生活"取代"训练"，旨在让小学生放胆作文。叶圣陶先生曾说："自己的印象仿佛一个无尽的泉源，时时会有新鲜的描写流出来。"（《叶圣陶语文教育论集》第420页）这里至少有两层意思：一是学生在自身生活范围内选取自己熟悉的事物，而不是超此范围去另寻内容，写自己的印象，写自己熟悉的内容，将会有写不完的东西。二是习作时不必机械地模仿他人的方法，否则东拼西凑，勉强作文，结果是花了大量的时间写出干巴巴的作文。写自己的印象能创造出自己的写法，不会写出与别人雷同的习作。这是研究生活作文的思想基础和原始动力。

小学生的习作要用"一定的表达方式"写"真实具体"的内容，要把自己的真情实感"文从字顺"地表达，这是最基本的要求。同时，小学生要养成爱写、乐写、多写、多改的良好习惯出来，习作思路要宽阔，这是重要的却又是容易被忽略的教学目标。生活作文教学既要扣住目标"训练"，又不能为"训练"而训练。教师关注数字时代语言生活的新发展，体验学习资源的新变化，积极开发并充分利用作文教学资源，及时捕捉并传递社会及儿童的生活信息，建构语言运用情境，借助不同媒介让学生表达见闻和感受，学习发现美、表现美和创造美，形成健康的审美情趣。这样，才能为学生不拘形式的表达搭建一个又一个平台，为学生具备一定的表达能力和形成健全的人格奠定良好的基础。

《日本教育中的"生活作文"教学思想》一文对生活作文的定义是：所谓"生活作文"，就是"通过以生活世界为对象的写作（文章表达活动），在培养语言能力的同时，通过以作品的内容为中心的讨论，使学生形成主体性的人格"。为了研究的方便，我们对小学生活作文这样界定：生活作文是立足核心素养发展，以生活世界为写作对象，在积极的语文跨学科实践情境过程中，突出文以载道、以文化人，借助不同媒介正确表达见闻和感受，落实立德树人根本任务。

## 二、生活作文的特点

充分认识生活作文的基本特点，有助于广大教师更加准确地把握生活作文教学的内涵，避免在进行生活作文教学时偏离生活作文的方向。生活作文具有实践性、文化性、创新性、深刻性与发展性等特点。

### （一）生活作文的实践性

生活作文的内容不是别的，就是生活世界。生活世界本身就是一个"被知觉的世界，即被知觉经验所体验的世界"。正因如此，生活世界是实在世界在知觉之光中显现出来的一个具体的感性世界，也是一个模糊与清晰、情感与理智、审美与认知都在其中的含混的世界。生活作文需要尽可能地面对生活世界本身，在丰富的感性形式中呈现生活世界的文化意义，而不是对生活世界文化意义的理性分析。比如，有一些作文只是对文化节日进行知识性的介绍与分析，写作对象显然不是生活世界，这样就难以与学生生命情感发生直接关联，这种写作可以说是文化作文，但不是生活作文。因此，实践性是生活作文的基本特点。

## （二）生活作文的文化性

生活作文的文化性主要表现在作文观察、作文内容和语言表达等方面。首先，生活作文需要从文化的角度观察世界。生活世界虽然是一个文化世界，但它总是一个"侧显"的世界，如果不能从文化的角度去观察生活，也就难以发现其中蕴含的文化意义。如果从文化角度观察生活，就能使生活世界文化意义明显呈现出来。其次，从写作内容来看，生活作文不仅要呈现文化特色鲜明的生活世界，还要进行文化立意，凸显文化意义不明显的生活事件的文化意义。此外，在语言表达方面，生活作文需要学生将具有民族特色的语言和写作技法运用到生活作文之中，比如对方言、偶句的运用，意境营造法等。当然，其中一些方法对小学生来说存在较大难度，但是我们在教学中可以相机而行，适当让学生掌握一些基本的写作方法，这不仅能为学生的作文添彩，还能为学生的文学创作奠定基础。

## （三）生活作文的创新性

生活作文需要呈现生活世界新的意义。现象学认为，事物总是以"侧显"的样态呈现出来，事物在显现着什么，同时也在遮蔽着什么，事物总有无限的深度。"事物作为一个同一性是有深度的，无论它已经向我们呈现了怎样的显像，还是存在着其他未曾出现的方面，而这些全都属于同一个事物。"这就是说，学生总是可以从日常生活世界中发现新的意义。在作文观察教学中，不少教师常常引导学生转变感官和变化时空进行写作观察，实际上就是为了让作文呈现新的意义。在小学阶段，很多老师会讲这些常见的观察方法，到中学之后老师很少讲写作观察的方法，即便讲解也往往与小学作文教学差不多，很少有教师能引导学生从文化角度观察生活（不是观察文化生活事件），导致中学生作文内容和立意与小学生的差不多，作文内容与立意新颖性不足。相反，如果教师能够引导学生从文化角度观察生活，为他们观察生活打开一扇新的、隐秘的窗户，让生活世界以新的样态呈现出来，学生的生活作文就会有新的内容与立意，从而呈现创新性。

## （四）生活作文的深刻性

生活作文不仅要呈现文化生活的实践形式，还要呈现文化生活的文化价值观。文化价值观处在文化的深层结构之中。有荷兰文化学者霍夫斯泰德认为文化包括符号、英雄、仪式和价值观四个层次。

符号是指，"承载着某种特定含义且仅仅能被这种文化的共享者们理解的词汇、仪容、图画或者物体"。英雄是指，一些真实或虚构的人物，"他们都具有某一文化高度赞扬的品格，因此被视为楷模"。仪式则是指一些具有重要社会意义的集体活动，包括"问候的方式、向他人表示尊重的方式，社会的或宗教的庆典"。价值观是指，"一种普遍性的倾向，表现为更喜欢事物的某些特定状态而非其他状态"。其中，符号、英雄、仪式属于文化的实践层面，价值观属于文化的精神层面。国外还有学者直接把人类文化划分为表层文化和深层文化两个层次。认为深层文化包括对人性善恶的认同，以及对信仰、信念、荣誉观、责任感等价值层面观点的看法。从以上研究中我们能发现：深层文化的价值观总是潜于文化表层的各种实践形式之中，它蕴含于饮食、服饰、建筑等物质形式之中，也蕴含于文学、绘画等符号形式之中，还蕴含在人们日常行为和活动之中。

在日常生活中，尽管文化观念总是时时处处影响着人们的知觉、行为与活动，但它又总是隐蔽地、不自觉地发挥着作用，而发现日常生活的深层文化意义又是很难的。因此，在生活作文教学中，需要学生具备较强的反思能力，从貌似没有文化意义的日常生活中发现人的行为与活动背后潜藏的文化价值观和文化心理，然后基于反思的结果进行文化立意，最后再进行材料剪裁与组织。因此，生活作文是一种深度写作。

### （五）生活作文的发展性

在日常生活中，文化价值观的冲突与融合在人与人之间、自我与自我之间不断地发生。有时候，个体会坚守自己的文化观念，不同的文化观念之间存在难以弥合的裂隙；有时候，个体内在文化价值观的冲突会给自己带来很多困惑和痛苦。学生在生活作文中，肯定会面对这样一个蕴含文化价值观的冲突与融合的生活世界。学生进行文化立意时，不仅要拥有开放和包容的文化心态，还要对不同的文化价值观进行理性反思和批判，以社会主义核心价值观为参照，对不同的文化价值观进行价值判断，不断调整自己的文化观念，重构自己的文化精神世界。此外，在教师引导学生进行文化立意的过程中，学生还会与同学、老师及其他人在文化价值观层面上多次深度对话。因此，生活作文是一种发展性写作。

# 第二节　生活作文的研究重点

　　小学生活作文教学是教师从学生的生活入手，以他们曾有的或正在发生的生活经历、生活体验构思（对已有材料的选择与梳理的思维活动）习作内容，指导学生选择恰当的形式表达已有的认识，严格进行作文基本功训练，不断提高学生表达能力，使学生形成主体性人格的师生双边实践活动。

　　有几个关键点必须强调说明：一是"曾有的或正在发生的生活"是儿童习作应反映的主要内容；二是儿童"已有的认识"是他们表达的基本意愿；三是用"恰当的形式"表达，加强"作文基本功的训练"，培养"表达能力"仍是生活作文教学的重点；四是"主体性人格"的形成是生活作文教学的目标之一。

　　小学生活作文教学以当今社会改革开放为背景，以瞬息万变的社会生活及小学生丰富多彩的自身生活为素材，力求让学生视作文为自身生活最有趣的一部分，融合部编教材作文教学体系，找准训练性作文与生活作文的最佳结合点，尽力缩小训练性作文与生活作文之间的差距，并使二者逐渐交合，融为一体，重点研究以下问题。

## 一、研究主导生活，让作文在生活中行走

　　在生活作文教学中，教师鼓励学生多写、勤写，但不进行机械重复地练习，其关键在于让孩子感到作文是自身生活的一部分且是最有趣的一部分。这里，至少要解决两个问题：一是要研究小学生的生活情境，明确儿童生活的主导活动，注重用儿童的眼光去审视周围的事物，引导他们写出自己感兴趣的生活。二是要为实现生活作文与训练作文有机结合创造条件。生活作文教学把作文与生活紧密地联系起来，强调在课堂中训练作文应紧扣生活，以更好地训练表达

方法。三是在生活中自发地练写作文，以巩固习得的表达方法。也就是说，强调平时积累不完全为作文，但只要教师恰当引导，鼓励学生作文，他们的一切生活均可以为文。反过来，有了生活积累，课堂作文训练也就不愁无话可说了。当作文成为孩子们生活的一部分后，小学作文教学的难题就迎刃而解了。

## 二、关注课堂教学，探索生活向作文转化

针对儿童的语言发展现状，小学生活作文教学着力研究生活向习作自然转化的教学规律，提出了"快速传递生活信息，打开学生的习作思路，实现构想习作内容与自由表达统一这一'作文过程生活化'"的教学理念。

1. 以面向全体学生为主。生活作文教学强调面向全体学生，力求让不同层次的学生有效地参与作文实践活动，把作文的时间还给学生，把作文的自由还给学生，给学生自想、自练、自改的机会。

2. 以构思生活内容为主。作文指导时，教师努力挖掘学生自身的生活素材，依据已有的认识去尽情表达，这是根治言之无物的一剂良方。课外积累在先，课中构思在后。因此，生活作文教学重视思维活动。学生思维越活，作文速度越快。学生对作文内容构想得越广越丰富，作文成功率越高，独创性越强。

3. 以学段训练重点为主。生活作文教学重视文从字顺，依次训练学习或运用某一表达方法。教师要把作文训练的要求暗含在每次学生作文的全过程中，提倡螺旋式训练。每次作文练习可让学生先充分自由地表达，再围绕作文训练的重点要求及作文基本功的锤炼严格地进行修改、评讲，逐渐达到作文教学的要求。例如，低学段的写话练习，需针对句子是否通顺连贯这一要求加以评改。让学生把笔头写活，把胆子写大。

## 三、增强课程联结，实现作文向生活延伸

在小学生活作文教学中，教师以儿童自身生活及纷繁复杂的社会生活为背景组织教学，引导他们写有真情实感的生活作文。利用儿童生活作文去强化学生正确的认识，矫正不正确的思想观念，以此提高学生认识事物的能力，完成作文教学育人的任务，促进思想训练与表达训练的有机统一。语文教师应着力研究作文教学与儿童生活及学校其他课程教学的关系，力求找到一条提高作文教学质量，促进学生个性发展的有效途径。

综上所述，小学生活作文教学研究儿童、生活、作文三者之间的辩证关系，探讨学生主导活动与习作训练的教学规律，提出"让生活进入作文课堂，让作文进入儿童生活"的教学思想，确立以生活作文教学推动儿童综合素质发展的理论框架，研究语言运用（表达能力的培养）与情感表达（认识能力的培养）有机结合的训练策略，使课堂训练性作文与儿童在生活中自由写生活作文的距离逐渐拉近。从作文教学拓展到语文教育，从作文技法训练拓展到对儿童生命的关注，形成向生活开放，向教材以外的课外读物开放，向其他学科开放，向信息化、网络化系统开放的教学模式，充分体现了要充分利用现实生活中的语文教育资源，优化语文学习环境，努力构建课内外联系、校内外沟通、学科间融洽的语文教育体系的课程改革精神，符合大语文教育的战略思想。

# 第三节　生活作文教学的基本原则

## 一、整体性原则

写作是一个极为复杂的活动，在写作过程中涉及语言、思维、思想情感、写作兴趣、写作动机、写作策略等要素。生活作文教学更是一个复杂的系统工作，除了需要理解学生的写作心理，还需要了解学生心理形成的机制、学生的写作基础，选择有效的教学方法。因此，生活作文教学需要从整体关照作文教学，才能够有效达成教学目标。

首先，需要把写作前（观察与阅读）、写作中（立意与构思）、写作后（评价与修改）作为一个完整的教学活动，并以生活作文主线贯通写作教学的各个环节。在写作前（观察与阅读），教师需要引导学生进行专题性观察与阅读。观察是一种深度观察，需要学生在观察中发现生活事件的意义。而通过阅读能够让学生了解地域文化与传统文化中蕴含的内在观念，并及时进行随笔作文，记录下自己的所见所感。因此，需要把观察与阅读有机整合起来。在写作中（立意与构思），教师需要引导学生选择近期进行的专题性观察获得的材料，进行立意与构思。因为前阶段学生已经积累一定的生活体验，并已经结合阅读进行一定的思考，如果学生在教师的引导下再次思考，就会有更多的发现，避免了学生无话可说的窘境。在写作后（评价与修改），需要教师引导学生围绕作文教学的中心目标进行自我评价、合作评价，避免作文评价目标大而导致重点问题难以解决的情况出现。同时，应要求未达标的学生在教师或同学的帮助下完成作文的修改任务，并对修改情况予以评价。

其次，生活作文教学需要从文化观念、情感、思维、语言、写作方法等不同方面推进。在一次完整的作文教学活动中，一方面我们需要考虑影响学生作文的全部因素；另一方面也需要考虑影响学生作文的重点因素。尽管我们不可能通过一次作文解决所有问题，但是我们必须着眼于整体来解决局部短板问题，最终实现学生作文整体水平的提升。

## 二、渐进性原则

作文本身是一项复杂的语言表达活动，而且与学生的认知能力有密切关系。作文教学的首要目标就是学生能完整地叙述一件事，然后能具体地叙述一件事情。因为实现这些目标主要依靠形象思维，相对立意来说更为容易，也更加基础。当这些目标实现之后，进行立意训练就可以集中训练学生逻辑思维能力，实现有一定深度的立意。

当前很多教师非常重视微写作，因为微写作目标单一而简单，时间短而灵活，对激发学生的写作兴趣、提高写作能力有非常重要的意义。微写作包含两种基本类型：专项训练与综合训练。专项训练主要是针对作文的某一个点进行训练，比如写作方法、修辞方法、描写方法等；综合训练就是小而全的作文，比如日记写作中记叙一件事。在教学中，一些教师进行微写作时较为随意，不能根据学生自身水平发展的基本规律展开训练。目前，关于微写作训练的研究成果不多，需要教师根据学生水平与认知发展规律积极探索微写作训练的有序化。

## 三、文化性原则

生活作文教学需要体现文化性这一特点。在生活作文教学中的不同阶段和不同环节都需要以培育学生文化精神为主线开展作文教学。在生活作文教学初始阶段，需要引导学生关注文化意义明显的生活事件，比如传统节日生活事件、婚丧嫁娶生活事件、习俗生活事件等。在中间阶段，需要教师引导学生关注文化意义不明显的生活事件，比如日常生活中的娱乐消费、人际交往与冲突、交通旅行等。在最后阶段，需要教师引导学生基于社会主义核心价值观对不同文化观念进行反思与对话，最终形成健康的、开放包容的文化心理与理性和谐的文化价值观念。

在生活作文教学的各环节也需要凸显作文教学的文化特点。在选材方面，需要让学生选取有文化意味和社会意义的素材，而不是局限于自我的小圈子。在立意教学阶段，需要重点培养学生进行文化立意的能力，实际上很多日常生活素材，都蕴含丰富而深刻的文化意义。此外，进行文化立意还需要进行文化对话，因为立意需要作者表明对某种文化观念的态度，这要求学生在立意的时候对某一价值观进行价值判断，而判断的过程实际上就是学生已有观念与材料蕴含观念之间的对话。在这一环节中，学生有时候是无意识进行的，教师需要引导学生自觉运用社会主义核心价值观去审视与思考。在作文评价阶段，教师需要关注学生选取的材料所蕴含的文化意义是否得到挖掘，如果学生挖掘不到位，教师需要进一步指导，让学生掌握发现生活素材文化意义的路径与方法。

# 第四节 生活作文教学的基本环节

## 一、明确目标

明确教学目标是生活作文教学的起点。生活作文教学需要根据学生实际和文化育人的需要设置作文教学目标。首先，需要以学生生活作文能力发展的水平设置不同层次的目标。作文教学至少需要设置"能够完整叙事、能够具体叙事、能够围绕中心叙事"三个层次目标。其次，要将文化育人作为主线目标贯穿于作文教学的全部阶段，可以按照"熟悉而且文化意义明显、熟悉但文化意义不明显、不熟悉但文化意义明显、不熟悉而且文化意义不明显"的路径进行。这样设置是引导学生从熟悉到陌生、从表层到深层，逐渐学会发现生活世界的文化意义，并由浅入深地进行文化对话，实现不同文化观念的有机整合。

在生活作文教学中，很多教师以学生写作能力发展层次为基础设置教学目标，而忽视写作内容的有序性。在以写作能力层次设置教学目标时，需要考虑写作内容是否能更加有效地促进写作能力的发展。

## 二、定向积累

定向积累是指在文化生活作文教学中，引导学生在写作前积累与写作目标有关的内容素材、语言素材与写作方法。"语言积累"是语文素养形成的重要途径，因此写作积累也是作文素养形成的途径。在作文教学中，有不少教师虽然较为重视积累教学，但是往往忽视写作前的积累教学与写作中的构思行文教学的关系，常常是顾此失彼、事倍功半。实际上，如果能把写作前的积累教学与写作中的构思与行文教学作为一个完整的写作教学活动，就能显著提升作文教学的效果。

积累的方式有专题观察、专题阅读、专题微写作。专题观察是指围绕一次作文教学的中心目标，引导学生观察生活。比如，教师进行一次节日活动的作文教学，就需要引导学生观察节日生活事件，并让其学会观察生活事件的基本方法，特别是深入细致地观察生活事件的方法，避免学生观察时走马观花，导致作文内容空泛浮躁。专题阅读是指围绕一次具体的写作任务而展开的以读促写的阅读教学活动。专题阅读需指向学生攻克教学目标的主要障碍，比如学生写节日活动，需要学生通过阅读了解节日的文化内涵，学会描绘节日生活事件的方法。专题微写作同样如此，通过片段写作重点训练学生在具体作文写作时需要运用的方法与技巧。

写作源于生活，观察教学在写作教学中具有比阅读教学更为重要的地位。在实际教学中，有不少教师本末倒置，在作文教学中过于重视阅读。在写作积累教学中，教师需要引导学生充分重视写作观察，并在观察、阅读与微写作之间建立互动性联系。

## 三、激活体验

生活作文的构思与行文过程都需要在反思生活世界的基础上进行。在构思阶段，学生需要借助想象（回忆）再现初始的生活体验，并选取需要进行语言表达的片段；在行文阶段，一方面需要借助想象再现或重组生活体验（已不是生活体验本身），另一方面需借助语言符号把表象化的生活体验转化为文本。因此，在生活作文进行构思与行文阶段，需要充分激活学生的生活体验，激活范围越广、程度越深，越有利于学生选择写作内容进行语言表达。

小学作文教学中，学生常常需要写有一定限制的文章，比如命题作文、半命题作文与材料作文。因此，激活体验首先需要根据题目要求展开。不过，这会在一定程度上限制学生的思维，难以激活其已有的生活体验。但是，如果教师能够让学生掌握一定的提取线索技巧，就能够有效激活学生的生活体验。线索包括时间线索、地点线索、人物线索、事物线索等基本类型，如果教师引导得当，就完全能够激活学生的生活体验。当然，在实际教学中，教师可以根据作文教学任务的特点采用一种或几种提取线索的方法来激活学生的生活体验。

一般情况下，根据提取线索往往只能发现学生生活体验中印象最深的"点"，但这并不足以写出一篇有篇幅长度的作文。因此，激活"点"之后，需要围绕"点"不断扩散，发现更加丰富的体验。

## 四、凸显主题

有学者提出，写作行为本质上就是一种赋形思维。"写作过程中，赋形思维是写作行为的起点，也是写作行为的最终目标，因为写作的过程就是对写作主题、立意彻底的赋形。"何谓赋形？赋形就是"写作者对自己所要写的文章的主题、立意（思想、情感、氛围、性格、特征、信息）的渲染化、造势化、清晰化写作行为中所运用的思维操作技术"。按照这样的解释，"重复"与"对比"是赋形思维的基本操作，在不同尺度上进行"重复"与"对比"，方使主题不断凸显。在写作立意阶段，虽已形成了主题，但只是在主题与材料之间建立了初步联系，还需要进一步强化二者之间的联系，进一步凸显主题。因此，凸显主题贯穿于写作构思、表达与修改整个阶段，不仅需要考虑主题与材料的匹配性问题，还需要考虑如何强化主题。

首先，需围绕主题筛选已被激活的体验。在"激活体验"阶段，被激活的体验围绕焦点体验较为松散地聚集在一起，而不是围绕主题聚合，它们与确立的主题之间的联系有紧有松、有隐有显，甚至没有联系。一方面，需围绕主题选取联系紧密和明显的材料，舍弃联系不紧密或无关的材料；另一方面，需围绕主题不断激活与主题有关联的体验。这样，就能够通过素材的增删不断强化主题。其次，需要进一步激活已经选取的素材，使之更为具体化与细致化。针对已选取的素材，一方面可以借助反思（想象）使被选取的素材情景化，发现能够凸显主题的细节；另一方面也可以借助想象与联想激活相关的被忽视的体验进一步补充素材。这样，就使主题与材料之间联系更为紧密与明显，从而使立意阶段初步形成的主题清晰起来。

## 五、组织材料

传统作文教学极为重视组织材料这一环节。在行文之前，如果教师能够让学生预先写出文章的基本框架，能够反映所选材料与主题之间的联系，反映材料的组织与安排，那么学生根据提纲写出文章的基本内容与结构就不会存在太大的问题。这对于学生在有限的时间内快速完成一篇中心明确、内容具体、结构合理的作文很有帮助。因此，在作文教学中我们需要坚持运用传统作文教学中一些合理的方法，并在教学实践中不断创新。

如何才能写好提纲呢？首先，一份完整的提纲应包括标题、主题（中心思想）、选材、结构、写作方法等几方面内容。其次，教师应该根据不同教学目标，合理调整作文提纲的写作内容。最后，教师应该在作文教学中及时快速发现学生作文提纲写作的问题，引导学生及时修改完善。当然，在文化生活作文教学中，作文的关键在于中心是否有文化意义、材料是否有文化特色（地域特色与民族特色），因此教师应该特别注意作文提纲中与主题相关的问题。

## 六、评价修改

评价修改是作文教学的另一重要环节，在一线教学中部分教师对该环节的重要价值认识不到位，重视程度不够，难以充分发挥作文评改的重要功能。不过，关于作文评改教学的研究成果较多，对运用信息化手段评价作文、作文评改模式等研究成果也很多。

作文评改的目标应该与观察、构思、立意、行文、环节教学目标有一致性，目标单一集中。一位学者的做法是作文评价直接指向教学目标，按照目标的达成情况予以评分。在作文教学中设置学生努力就能够达成的目标，根据学生目标的达成情况进行评改，能有效促进学生作文能力不断提高。

生活作文教学评价重点是关注学生的立意，但是立意之后又需要具体表现主题。在教学中，教师往往急于求成，设置教学目标过多过难，期望学生在一次作文教学中同时达成多个目标。实际上，可根据学生的实际情况，分开设置教学目标，比如在学生作文基础差的学校或班级，可以先让学生学会"记流水账"，接着学会具体叙事（比较具体的流水账），然后再训练文化立意，这样更符合学生的认知发展规律，也能让教学目标清晰、有序、有梯度。

# 第五节　生活作文写作能力培养方式的创新思考

　　小学生写作教学既是重点，也是难点。从根本上来说，写作是学生阅读、分析、沟通、表达等综合能力的书面化反映。提高小学生写作能力，仅靠课堂教学是远远不够的。基于此，本节探讨了提高小学生写作能力的途径和方法。

## 一、融入生活，化作文学习于日常

　　提高小学生写作能力不能仅靠课堂教学，还要引导小学生在日常生活中积累素材，学习语言。

### （一）在生活中积累作文素材

　　古人云："读万卷书，行万里路。"古时候老师经常将学生带到野外，通过体悟大自然万事万物的玄妙，让那些富于灵性的精妙词句自然地从学生的口中漫溢出来。这为提高小学生写作能力提供了有益借鉴，即让学生在生活中积累素材，在生活中锻炼写作能力，让所写文章成为窗外的作文，移动的作文，蓝天下的作文。在小学语文教学中，多引导学生"亲近生活，表达生活"，突出"感悟体验"，让他们在生活中体味、揣摩、积淀语言，让思想与言语在涵养中同构共生。

### （二）在生活中交流感悟

　　在日常语文教学中发现，爱表达、善交流的小学生在写作中思路更广，文字表述的能力更强，写出的作文质量也更高。因此，教师应从多种角度开发生活作文故事，引导孩子走进生活，用"童眼看世界"，引导学生在生活中捕捉趣味成长故事。在日常教学中，组织学生讲名人故事、生活故事、励志故事，让学生去聆听、思考、感受故事中的人和事，感悟真挚的情感、真切的思想，让每个小学生用言语自由去表达，为每名学生孕育一颗饱满的"文心"。

### （三）在生活中体验文韵

生活是一部百科全书，更是小学生形成写作思维和风格的摇篮。在日常教学和生活中，教师应多引导小学生思考生活、体验生活、感受幸福，多阅读童话、童谣、寓言、诗歌、小说，将中外经典名著巧妙、精心地散落在孩子成长的要道上，引领学生适时与经典相遇；培养孩子良好的个性、健全的人格和丰富的精神世界，丰富学生的思想内涵，提升其文化品位、审美情趣和文学素养。同时，组织读书节、阅读考级赛、"我是小小朗读者"等活动，开展"阅读暑假天""缤纷寒假日""亲子故事会"等经典阅读活动，使学生学习作文写作成为日常生活的一种快乐。

## 二、丰富载体，寄能力提升于平台

小学生的写作能力不是一朝一夕能够提高的，需要有一个循序渐进的过程。丰富的作文写作活动是小学生写作能力提高的坚实平台。

### （一）激发热情，让快乐成为作文写作的原动力

写作以爱写作的热情为保证。学生反感写作，再好的老师也不会培养出作文水平高的学生。日常教学中，教师应通过组织一些小学生喜闻乐见的活动，让小学生带着热情写作。如开展"阳光剧场"活动，开展"观影有感""绘本我来演"等活动，激发孩子舞台创作热情，把美丽文字搬上鲜活的舞台，让孩子演出自信，演出高雅，从而使小学生的写作能力得到有效的提高。

### （二）比学赶超，让交流成为能力提升的大擂台

"比学赶超"是快速提高小学生写作水平的有效途径。教师应掌握好比的尺度、学的典型，要赶得有方向、超得有标兵，多组织学生交流写作方法和思路。

比如，组织"冲浪"社团、"冲浪"文学社，丰富学生课余生活，提高学生写作水平及文学素养，营造活泼向上的班级氛围。在学习中创作，在创作中交流，在交流中成长。同时，开展小记者采风活动，每月由学生编辑出刊一期《生活作文报》。同时，在开展各类活动中，教师既不能越位，也不能缺位。要明确主题、激趣定标、引导讲评、指导修改。以感悟体验、涵养"文心"等形式，让作文写作交流活起来，让班内每名学生都积极参与进来，促进学生写作能力的不断提高。

### （三）家校共育，让学生拥有文化滋养的好平台

学生大部分时间在家中，接触最频繁的人是家长。提高小学生写作能力，离不开家庭的支持和家长的帮助。在家校共育中，着眼点不是为孩子"计眼前"，而是为他们"谋未来"，使之终身受用，使学生能真实流露对生活的感悟，能"真真切切作好文"，为学生漫长人生打好底色。比如，通过"家庭精彩美拍"，让学生"美拍"生活故事，对"精彩美拍"先分解，后重构为"故事元素"，用"美拍"生活来激发学生创造故事，用"精彩美拍"生发故事课程，让家长、教师、学生共同建构良好的作文写作环境，努力培养"有敬、有执、有容"的阳光少年。

## 三、创设环境，促素养提升于氛围

小学生可塑性强，有什么样的环境就会往什么样的方向发展。提高小学生的作文写作能力，就要着力为其创设有力的文化氛围，让学生爱读书、读好书，爱思考、思考深，形成良好的思想素养和个人志向。

### （一）营造浓厚读书氛围

营造良好的读书氛围，仅靠老师的力量是不够的，学校、家庭、社会应共同发力。运用信息化方式，在校门口 LED 大屏播放文学经典作品，营造文学氛围，让孩子们耳濡目染。校园内，建设"少年中国"文化墙、童趣的"小脚丫书廊"。课堂内，建设班级图书角等。通过多种形式，营造浓厚的读书氛围，用书香浸润学生的心灵。架构立体阅读空间，设立藏书室、阅览室、电子阅览室，每年订阅大量儿童文学作品和报纸杂志，创设网上电子阅读社区，在网站上设立"经典阅读"专栏，追求润物无声的教育智慧，运用教育无痕的理念，为学生作文写作能力提高注入不竭的动力。

## （二）落实精细指导

小学生写作能力的提高离不开教师经常性的评价和指导。学校、家庭、教师、学生等应坚持同步同向的原则，共同提高小学生的写作能力。引导小学生养成爱读书、多读书的习惯，每天做到"三读"，即"阳光晨读""温馨午读"和晚上的"亲子共读"。将儿童的生活、实践、阅读、梦想、情趣等有机地糅合在作文写作之中。借助写作来推动儿童精神健康发展，通过潜移默化的文化滋养提升学生思想品质。在教材和经典文本一体化上下功夫，课前，教师指导学生搜集与所学课文相关的资料，并指导学生阅读思考。课堂上，通过明确主题、设置议题、设计问题等形式，让学生进行回答，锻炼学生的品读能力，为写作打好基础。课后延伸，拓展阅读。根据课文内容、作者、体裁等引进大量的补充教材，让优美的文章滋润孩子的心灵。

## （三）尊重学生个性

千人千面，每名学生都有自己的个性特点。在培养、提高小学生写作能力的过程中，教师要尊重学生的个性，引导学生高效阅读，自由思考，深入分析，为迸发写作灵感、提升写作能力创造合适的环境。要在阅读形式上求创新，开展师生共同阅读、师生"同读一本书""同背一首诗""同过一个节"等活动。开展小组写作比拼活动，让学生在提高写作能力的同时，增添一份成就感、荣誉感。要改善学生的阅读体验，以实践者的角色迁移阅读，以研究者的角色投身阅读，以表演者的角色美文朗读。同时，教师要积极探索全新的教学方法，运用单元整合等新的教学方法，将几篇主题相近的课文、美文整合在一起，通过明确主题、设置议题、设计问题等形式，鼓励学生发挥主动性，通过总结描写方法、思考行文脉络、回答教师问题等形式，增强学生分析能力、口语能力，为作文写作做好铺垫。

## 四、导航引领，见学生思想于文章

写作反映了一个人的精神世界，精神世界贫瘠的人不会写出引人共鸣的好文章。日常写作中，不少学生在写作时，主题确定不够健康积极。因此，提高小学生的写作能力，必须把帮助他们树立正确的世界观、人生观、价值观作为重要内容，使小学生写出的作文具有正确的、健康的思想性。同时，积极向上的思想也有助于学生一生的成长。

### （一）养成读书的良好习惯

腹有诗书气自华。一个爱读有益的书的人，举止谈吐都会表现出较高的素养。这就要求教师在日常的语文教学中，要引导、教育、鞭策小学生养成读书的好习惯。通过建立读书制度，让学生把阅读当作一种硬性要求。如每天读一小时书，每月读一本好书，每月写一篇读书心得，每学期评选一次"儿童阅读推广人"。通过经常性的阅读，培养读书习惯，让学生认识到：读书是一种责任，一种有益的生活方式，以此促进学生享受阅读、享受教育、享受人生。同时，利用班级微信群、QQ 群，定期向学生推荐美文，引导学生养成爱读书的好习惯。

### （二）传播书中的积极思想

当前，小学生的活动范围扩大，接触的各类信息也很多，这就要求教师多引导学生读好书，多向学生传播积极正面的思想。根据学习情况，定期开展读书沙龙等活动，让学生在经典阅读园地里诗意地行走。组织学生进行思想交流，帮助学生树立正确的世界观、人生观、价值观，养成健康、积极、向上的人生态度。学生在与学习标兵、道德标兵、助人为乐之星等榜样交流中提高素养，让健康的思想成为其成长的导航仪。

# 第六节 生活作文与学校办学理念 嫁接的新举措

作文教学一直是教育界关注的焦点话题，也是语文教学中的一大难题。作文作为言语传输和显现的主要载体，必须导引于思想，根植于生活。基于这样的认识，江苏盐城建湖实验小学于 1996 年开展了生活作文操作体系的研究。2001 年，生活作文教学研究被列入省"十五"规划课题。2004 年，生活作文喜逢品质的二次飞跃，"涵养化育，自然天成"的校本理念以一种规律性的必然对接了生活作文教学，使生活作文教学的探索实践步入了生活作文教育的研究地域。2010 年获得了江苏省首届基础教育成果奖。

## 一、生活作文的新内涵

"涵养化育，自然天成"是涵化教育的核心理念，涵化教育追求的境界是以自然本色的教育成就教育的理想。涵化教育理念下的作文教学，就是在作文教学过程中创设宽松的学习生活环境，为学生提供一个学科与学科间相融合，学校与家庭、社会、自然界相融合以及与学生实际需求相融合的广大空间，充分尊重和相信每一位学生，引导学生走进生活，感悟体验，内化生活，升华自我，真真切切地表达自我，全面提高语文素养。涵化教育为生活作文注入新的内涵：在继续引导学生"亲近生活，表达生活"的基础上，突出感悟体验，重在引导学生体验生活，品味生命，关注社会，感受时代脉搏，让他们在生活中体味、揣摩、积淀语言，在潜移默化中感受体验生活的乐趣，真实、清晰、富有情感地表达生活、表达自我，同时教育自我、提升自我，让思想与言语在涵养中同构共生。

涵化教育理念下的生活作文教学，不是需要教师的"作为"，去人为有意识地建构，而是希望教师的"无为"——回归儿童精神的原点，让每一个儿童自由地去"梦想"；回归写作的本意，让每个儿童用言语自由地表达；回归儿童写作的本原，为每一个儿童孕育一颗饱满的"文心"。我们倡导将儿童作文变成一部童年生活"嬉游记"，让作文教学顺应儿童的自然天性与表达冲动，让孩子即时倾吐、直抒胸臆、自由写作，让每个孩子用作文记录独一无二的自己，用文字留住美丽的童年。生活作文崇尚自然，倡导打开大地之窗，让孩子尽情嬉乐自然，在细数泥土的呢哝、聆听花开的静响、观赏落叶的缤纷中感受生命的神奇，并对自然中一切的生命肃然起敬。生活作文把丰富多彩的嬉游活动纳入童年生活，纳入课程。具体体现在：一是让学生把作文看作一次交流，把作文当作自己的挚友。有了苦闷，向它倾诉；有了烦恼，向它表达；有了高兴或痛快的事，它也高兴、痛快。当你把要说的都说出来，都写在纸上，你就会觉得心情无比舒畅，得到一种超脱。二是把作文当作联系各学科的桥梁，所有学习的课本都由一篇篇的文章构成，当我们用心去体验作品中的境界，认识大自然的规律，把握教学的奥秘，体会语言的玄妙，深入旋律的世界，参与体育运动，解读形与色的世界，实际就是在充实生活，在体验生活，实际上也是完成文章信息的积累。三是让学生体会到作文即一种生活。生活在一个家庭里，享受父母的关爱，聆听父母的教诲，感受父母的辛苦，熟悉家里的环境，了解家庭及其他家庭的来往，了解社会发生的形形色色的事件，这样一种自觉的观察体验，实际就是一种生活。

## 二、生活作文教学新模式

小学阶段是儿童写作的起步阶段，更是一个人写作的准备阶段，所有的教学指导应当重在"养心"——以儿童为主体，以儿童文化、儿童精神作为背景，注重"文心"的修炼和涵养，为培塑未来有写作意识、有写作责任的"写作人"做好积淀，打好底色。儿童写作的发生，从来就不是外在力量作用的结果，而是儿童内在饱满的"文心"自觉自在地流泻。因此，习作教学要打破人为的"制造"状态，逐步走向为人的"生成"境界，让每一位儿童拥有一颗"文心"，这是儿童写作的原始动力，也是儿童生命和精神的理想存在状态。在习作教学过程中，我们不要过多关注儿童当下的言语状况，而是时刻为儿童言语的应有状态蓄积可持续发展的力量，竭力创生适切儿童成长的内在言语发生机制。只有这样的写作，只有这样的习作教学，才会伴随儿童一生，影响儿童一辈子！为此我们构建了以"涵养化育，自然天成"校本教育理念下生活作文言语实践的基本模式：

### （一）引入生活，激趣定标

生活是作文的源泉。在作文训练中，我们针对习作对象、范围、题材、题目及要求，选取贴近学生生活实际的切入点，创设适合本次习作要求的生活情境，激发学生融入生活情境、乐于交流的兴趣。教师根据学生的主导活动，找准小学生生活的热点、焦点，采取形象化手法，创设一定的生活情境，缩小作文和生活的距离，实现"生活向作文的转化"，生活场景的创设要能体现让学生学会生活、学会习作、学会做人的三者融合。

### （二）再现生活，引导练说

苏霍姆林斯基说过："在人的心灵深处都有一种根深蒂固的需要，这就是希望自己是一个发现者、研究者、探索者，而在儿童的精神世界中，这种需要特别强烈。"涵化教育理念下的作文教学回归了生活的原点，引发了生活的触点，唤醒儿童蛰伏的情智，并以情智梳理生活的经验触发灵感，使灵感化为体验纵深发展的标杆，激活学生的情感体验，激起学生写作的热情和欲望，对体验形成表象记忆，然后引导学生进行讨论、分析、归纳、感悟，将表象内化为认识，将"眼中之物"转变为"心中之物"，让学生产生"不吐不快"的表达欲念。

我们让作文成为学生生活的有趣部分。通过设计"演一演"，如小品表演（玩具交流会、学做小导游等）；设计"做一做"，在动手实践中丰富生活，增长见识，增加体验，言之有物又有情；利用多媒体教学，再现生活情境，激发学生身临其境之感。首先通过说、演、做及图片、视频等手法，引发学生说的愿望，乐于回忆，再现自己相关的生活经历。其次是设计多种练说方式，刺激学生说的兴趣与热情：教师示范引说、设境直说、现身直说、想象述说、内心独白、一人述说、多人补充评议等，以练说再现学生多姿多彩的生活内容，为选材运笔蓄足生活素材。这样，在引导练说、再现生活的过程中，同时教给学生表达情感与体验、表现生活画面的技巧与方法，为指导拟稿做好铺垫。

## （三）描述生活，指导拟稿

小学生情感丰富，个性色彩浓郁，他们各自有一个独特的心灵世界。为此，习作就是要引导学生以儿童的视觉把自己对生活的认识和体验原汁原味地表达出来，不说空话、套话，特别是不强加给学生高于生活的深刻立意，让学生成为表达自己思想感情的主人，既可讴歌生活中的真善美，也可批判生活中的假恶丑。通过指导学生回忆和梳理的生活经历，根据习作要求，选取自己觉得最新奇有趣或印象最深、最受感动的内容，教给选材组材、运用所学的语言材料构思拟稿的方法。针对不同年龄段学生提出适切的目标要求：

1—2 年级段：

1. 指导孩子写自己想说的话，写想象中的事物，写出自己对周围事物的认识。

2. 让孩子运用阅读生活中学到的词语，写出通顺、连贯的几句话。

3—4 年级段：

1. 指导学生不拘形式地写下见闻、感受和想象，注意提出自己觉得最新奇、有趣或印象最深、最感动的内容。

2. 指导学生能运用自己平时积累的语言材料，特别是有新鲜感的词句表达需要表达的内容和情感。

5—6 年级段：

1. 指导学生能写简单的记叙文和想象文，做到内容具体，感情真实。

2. 能根据表达需要，分段表述。

## （四）体悟生活，评议修改

涵化教育理念下的作文教学艺术在于营造生活的气息，创造心灵的共振，把学生定位为生活的探究者，让他们自己去观察生活、体验生活。通过观察，学生会感受世界的多姿多彩；通过思考，学生会感悟人生的奥妙无穷。这样，学生才会用自己的眼睛从周围的世界中去发现属于自己的东西，用自己的语言表达学生自己真实的感觉与体验，学生的悟性才会不断提高。

作文评改是教学过程中的重要环节。有了评改，才能使教学成为一个有结构的、系统的、循环往复的、不断提高的可控过程。叶圣陶先生说过，修改作文的权力首先应属于本人。教师应引导学生运用诵读法、推敲法，边读边思，进行增、删、换、改，并在文后写下"我最欣赏自己_____，我还待改进

之处 _____。"教师应站在学生的立场，用商量和欣赏的口吻提出自己的见解和感受，和孩子们共同修改文章。在共同的修改过程中授予一定的方法和技巧，指导学生学会修改、学会评价，能用自己的见解和独特的眼光去看待每一种事物。评价的内容可以是多元的，它应包括知识和技能，方法和过程，情感、态度和价值观。通过自我评价、互相评价和集体评价的方法评改作文，长此以往，学生作文兴趣将越来越浓厚，作文自信心将不断增强，作文水平将有质的飞跃。

### （五）丰富生活，涵养"文心"

涵化教育理念下的生活作文，着眼于儿童丰富内心世界的孕育和写作意识的涵养，为未来培养有写作习惯和写作责任的成人奠定基础。它强调以"人"为"文"，将儿童的生活、实践、阅读、梦想、情趣等有机地糅合在写作课程资源之中；它注重以"文"化"人"，借助儿童的言语写作、言语交往、言语成长来推动儿童精神发展。有了儿童写作的存在，儿童与世界的"共生的状态"得到了现实化的言语映现，从此有了精神以外的言语家园，写作成了儿童精神由内隐走向外显的一个灵性的通道。这也是一段童心守护的岁月，写作教学的逻辑起点不是主动适应社会，自觉被成人世界同化，而是在社会生活中发现、生成、创设可能的、富有童年意味的生活，以丰盈童心，留住童真。生活作文教育以儿童为主体，以儿童文化、儿童精神为背景，以儿童当下的现实生活和可能生活作为内容的一种可持续性的教学。它独特的精神底蕴和文化构造，体现着一种鲜明的教学理念，隐喻着一种朴素而真切的教学走向。回归儿童写作的本原，为一个人孕育一颗饱满的"文心"。如此，儿童写作就会成为一种教育自觉、一种文化自觉。我们要用儿童文化丰富写作内容，就会给童年留下一串鲜亮的言语足迹；我们要用儿童活动重构教材，就会生成一片快乐的写作天地。

## 三、生活作文的新视界

随着新课程改革的进一步深入，建湖实验小学基于"涵养化育，自然天成"的校本育人理念，将生活作文研究从教学引向了育人实践。新一轮生活作文教育研究，着眼点不是为孩子"计眼前"，而是为他们"谋未来"，使之在寻求精神家园、言语家园之途终身受用，这是对传统内涵的极大的丰富与超越。其意义在于使学生能真实流露对生活的感悟，能"真真切切作好文"。不仅基于生活，更高于生活，是为学生漫长人生打好底色，让他们的生活变得更丰富多彩，努力培养"有敬、有执、有容"的阳光少年。

针对涵化教育理念下的生活作文教育，笔者一直在思考：

——促进学生适切发展。张扬孩子的个性，让孩子能留住精彩的瞬间，获得适切的发展。

——提供广阔的发展空间。丰富多彩的生活为学生提供了挥洒文笔的"源头""活水"。

——倡导潜移默化的文化滋养。让学生的生活充满文化的韵味，让文化时刻滋养学生，从而提升学生品质。

——追求润物无声的教育智慧。教育无痕的理念，为生活作文教育的发展注入了新的活力。

生活是作文的源泉，体验是作文的生命。只有引导学生站在自己独特的角度去观察、聆听、思考、感受，让真实的生活、真挚的情感、真切的思想在孩子们心灵里驻扎，作文才会插上飞翔的翅膀，才会有自然的、真实的情感流露，才有真切的、灵性的语言流淌。

# 第七节　生活作文校本课程的开发与实施研究

## 一、引言

小学作文教学难度大，学生在写作时，常出现无从下笔、词不达意等现象。产生这些现象的原因在于小学生素材积累少，在日常学习中缺乏相应的思考和训练。如何改变这种现状？生活作文是一种有益的探索，它能有效提高小学生的作文习作能力，让作文教学走上科学化的道路。

## 二、生活作文的基本理念

生活作文以著名教育家陶行知的"生活教育"为基本理念，它强调引领学生走进生活，观察生活，获取、积累丰富的写作素材；它提倡先"生活"，后"作文"，强调作文就是生活实践。生活作文崇尚作文是生活的再现和真情的表达。体验性是生活作文的主要特征，它强调的不仅仅是用眼睛看，用耳朵听，用嘴巴说，用脑子想，而且还要用自己的手去实践，去操作，去探究，去创造。学生亲身经历的生活实践为作文提供了广阔空间，他们观察生活，大胆地叙述亲身经历，描绘内心世界，抒发自我情感。同时，在习作实践中孩子们用心品味生活，学会生存，学会生活，学会创造，学会做人。

## 三、生活作文的主要内容

从校本课程的开发与实施研究两个方面入手，生活作文将阅读与习作、生活与习作有机结合，实现作文教学的生活化、序列化、丰富化，激发学生习作的兴趣，提高学生的习作能力，并努力实现以文化人的教育目的。生活作文主要包括以下五项内容。

### （一）海量阅读，促积累

"读书破万卷，下笔如有神。"阅读和写作二者关系紧密，不可分割，阅读是写作的基础，阅读可以帮助学生积累写作材料，学习写作知识；写作是运用语言，而要运用好语言，离不开阅读积累，正所谓"能读千赋，则能为之"。读写结合，阅读的过程本身就是一种写作学习的过程，孩子们在阅读的过程中会积累一些好词好句，潜移默化地习得一些写作的方法和技巧。教师要把课内阅读教学与作文教学紧密结合，以读促写，以读导写。对于学生的课外阅读，我们以书香校园和书香家庭建设为契机，引导学生坚持每日晨诵、午间阅读，利用阅读课的时间组织阅读推介和心得交流。个人静读、伙伴同读、师生共读、亲子阅读等多种形式的阅读，有效地激发了学生阅读的兴趣，培养了学生阅读的习惯，使读书成为师生学习、生活的一种状态。每名学生身边有一个阅读"存折"，定期打开"存折"晒一晒，已经成为教师和学生生活中的一件趣事。

### （二）生活观察，觅素材

生活本来是色彩斑斓的，只是学生没有养成多角度观察生活的习惯，也就不可能与文章达成心灵上的沟通。因此培养学生善于观察的行为习惯至关重要，它直接决定了学生选材的生成。可以说学会观察是促成学生与生活、与文本交流的第一步。传统意识里学生每天接触的东西都比较乏味、单调，其实不然。学生的生活是社会的缩影，只要细心品味就能发现其精华所在。在作文实践中，学生总会发出这样的懊恼：生活如此单调，从家到学校，这样的生活哪里来的那么多素材去写作呢？只好写一些平铺直叙的、没有情感的、没有亲身感悟的文字来应付写作。作文是学生生活观察的展现，这种展现没有惊天动地的撼动感，但就是平时生活的涓涓细流才会散发出迷人的气息。在《学做家务劳动》这一习作训练时，在课前的两分钟，伴着节奏明快的《洗手绢》乐曲，学生被有着浓浓劳动情调的音乐包容着，他们陶醉其中，学做家务劳动的情景在眼前油然而生，想把学做家务劳动的体会告诉他人的欲望之迫切呼之欲出。

### （三）实践体验，抒真情

生活作文教学创设特定的真实情境，让学生置身其中，实现外部刺激力向意志事实的转化，在生活体验中获得真切的感受。一是在学习活动中体验。学校精心设计绘画、游戏、表演等学生热衷的活动，吸引其积极参与，引导学生在活动中细心观察、用心体验，再用真实的文字加以记录，综合成文。二是在家庭生活中体验。家庭是学生生活成长的安全港湾，是他们真情实感表白最为直露的场所。学校开展"献给长辈的爱""爸爸、妈妈，我想对你说""给爸爸、妈妈的一封信"等亲子互动活动，在学生亲身经历活动后，引导他们叙述事情的经过，抒发内心的感受。三是在社区生活中体验。社区有丰富的教育资源，是学生作文重要的体验源。利用社区广阔的教育资源，通过劳动、参观、社区服务等各种形式引导学生亲身体验，最终写出体验经过和独特感受。学校一年一届的"生命践旅"活动，让学生在感受自然魅力、磨炼意志的同时，体验到了多姿多彩的乡村生活，积淀了丰富的情愫。

### （四）大胆想象，激创造

一是以生活为凭借，创造崭新的想象境界。想象是由一定的凭借而引发的，要进行合理大胆的想象，必须有已知物，然后再以此进行遐想，方可收到理想效果。以生活为凭借，可用一个简单的生活情节，想象出一个生动、形象的故事。如高年级学生明显的善恶褒贬是能够分辨出来的。一次几个学生评论街上抽奖骗钱的事，于是抓住这个契机，以此命题想象作文。一个学生就以此事为凭借，用"梦境"的形式，想象出自己奋勇抓坏人的故事来。由此可见，生活不仅是作文的源泉，还是想象的凭借，学生可以据此创造出一个想象的境界，开拓了思维，发展了智力。

二是以课文为凭借，进行合理的续补。阅读是进行想象作文就地取材的源泉，以课文内容为出发点，竭力唤起学生头脑中储备的有关表象，从不同的角度帮助学生展开想象。"续"要有创造性。学完《少年闰土》，教师要求学生以《三十年后再相遇》为题，进行创造性的续写，学生从不同的角度写出了富有想象力的十几个情节。"补"要体现合理性。有的课文含蓄凝练，弦外有音，可以引导学生按照课文思路进行合理想象。如学《鸟的天堂》之后，让学生想象百鸟争鸣的情景，组合成段。"续"和"补"为的是发展学生的智力，要顺从课文思路和学生实际，引导学生进行合理想象，绝不能画蛇添足，节外生枝。

### （五）展示成功，共提高

在习作教学中，教师可以从学校、家庭、社会等多渠道和多方位为学生营造展示成功的氛围。可以通过班级及校园展示栏、学校广播站、校园报刊、学校QQ 群和公众号等，为学生提供佳作展示的广阔天地。学校创建"生活作文"陈列馆，开辟优秀作文展示长廊，展评《读书笔记》和《生活浪花采撷》。在班级成立写作兴趣小组和学校文学社，开设自由写作角，定期进行作文赛，让孩子们随时"我手写我心"。学校通过多种途径和各种活动，激发学生生活与作文的热情和兴趣，享受习作成功的快乐，真正变"要我写"为"我要写"。

## 四、生活作文的提升措施

要使生活作文发挥更大的作用，学校应把生活作文课程体系的研究作为重点，就生活作文怎样促进学生多元智能的发展等方面进行深入探讨。因此，要根据学生心理、生理以及语言能力发展的阶段性特征，采取适合的教学策略，有效提高学生的习作能力和水平。

### （一）把握新视角：学习普适性设计下的"三个系统"

在生活作文实施中，以小学生为中心，立足小学生的特点，为学生尤其是有学习困难的学生，创造更好的环境，更多的学习机会，而丰富学生学习机会最有效的途径是"学习的普适性设计"：一是识别模式系统，立足作文写作，精准识别不同阶段、不同班级学生的习作基础；二是策略系统，根据学生的习作基础，制订生活作文的实施计划；三是情感系统，开辟自由表达的空间，让作文成为吐露真情实感的珍贵基地。尽管对绝大多数人来说，这三个系统活动和交互作用的基本方式大体上是一致的，但每个人的差异导致了个体间"三个系统"方面的差异。在实际教学过程中，将学生的习作基础分为整体构思、逻辑关系、词语运用、细节描写等方面，教师通过引导学生对生活中的某一场景进行简单的叙述或写作，根据学生的叙述或写作，能够有效确定学生的习作基础。

接着，教师根据学生基础，指导学生如何进行构思，如何保持途径的顺畅性和完整性，如何优化细节描写，并将学生个人的情感融入作文写作中，不断提高学生的生活作文能力。

### （二）用好新工具：大数据统计下的整体推进

生活作文需要运用科学的工具来具体推进，保证效率和效果，这就需要富有弹性的教学工具和教学方法。成功的教学应实现学习任务、工具和学习内容的差异化，以此满足不同学生"三个系统"的特定需要。例如，利用多媒体教学，可将生活中的场景以音频、视频、图片等形式搬到课堂上，指导学生如何进行作文写作整体构思和细节描写，也更易于识别学生的写作基础。在"生活作文"实施中，学校鼓励学生"美文、美拍"。"美拍"的内容一部分来自教师和家长在校内外拍摄的生活镜头，学生统一写作并发到"美篇"上；另一部分来自学生家长在日常生活中给学生一些有意义的时刻拍摄的镜头，每个同学都有自己"美篇"APP的登录账号，可以将同班同学添加关注，这样每个同学上传新的美拍美文时，其他同学都看得到，可以对较好的词句进行点赞。教师也添加学生为关注，为学生的习作进行及时的点评。学生在这种交互环境中，自然而然地懂得了什么是好的，什么是有待进一步完善的。原来写作有畏难情绪的学生也洋洋洒洒地写出了出乎自己预料的作文，每个人脸上流露出来的都是喜悦和自信。

### （三）建立新联盟：循环提升学生习作水平

在生活作文实施过程中，注重打破班级界限，以生活作文的交流与提高为目标，组织相同班级或同等水平的学生，建立生活作文联盟，促进学生习作能力不断提高。在联盟活动开展中，注重将"美拍、美文、美篇"校本课程作为国家课程的有益补充和提高，发挥最大的作用，把系统论的观点引进"美拍、美文、美篇"。将各学校各年级一年中的校内外节日、活动拟定成一些固定的"美拍、美文、美篇"内容，确定训练要点，制订"美拍、美文、美篇"训练教程。通过完善校本教程，目前建湖实验小学已经完成《我们眼里的世界》各年级"美拍、美文、美篇"训练手册，这些更容易让学生加强"生活作文"练习，提升"生活作文"的水平。

## 五、生活作文实施成效及反思

生活作文的运用，契合了小学低、中、高三个学段的学生特点，提高了学生作文写作的兴趣，积累了丰富的素材，并在训练、交流中促进了作文写作水平的提高。同时，通过生活作文的进一步开展，学生在校内外的生活积累和感悟不断得到深化，形成了基于小学生心理特征的绘本阅读习作、观察共享习作教学知识序列，并且形成了学生作文集、教师教学论文集和习作点评集，生活作文的作用得到了有力彰显。但在生活作文实施中，还有很多需要改进和提升的地方，值得研究和反思。

### （一）对小学生写作心理和写作习惯的研究需要进一步深化

在生活作文开展中，教师多侧重于指导学生如何积累素材，如何描写不同的事物，以及记叙一件事情的发展过程，缺乏对学习写作心理和习惯的研究。从这个角度分析，生活作文要真正走进学生心里，还需要加大对教师教学理论方面的普及与提升。在"教什么""怎么教"之前，明确"给谁教"，从而将习作教学有效结合学生的天性和自然发展规律，将学生的发展作为作文写作教学的出发点，进一步促进学生全面成长、成才。

### （二）生活作文成效的评价体系还需进一步完善

生活作文鼓励学生在生活中发现、积累素材，在生活中提高写作能力。但是，生活作文不易评价，具体表现在所运用的评价标准主观、随意性大。同时缺少规范的教学范式，其他教师的教学可复制性难度大。需要不断地探索让学生易于写、教师易于教的评价模式。

### （三）校本课程及配套的方式还需要进一步创新

生活作文契合了小学生的年龄和心理特点，提高了小学生作文写作的兴趣。但是，在具体实施中，还没有配套的校本教材和课程可以将生活作文纳入一个比较规范的轨道，在学生素材积累、写作训练、习作能力等方面需要进行更加有益的探索，才能真正建立生活作文以文化人的长效机制。

## 六、结语

设置生活作文校本课是将作文写作与学生的日常生活紧密联系起来进行作文写作教学的一种全新探索，在具体应用中受到了小学生的欢迎，促进了小学生写作兴趣的提升，也使学生乐于积累素材、乐于进行写作和思考。作为一种小学生作文教学的有益尝试，值得大力推广，可以更加有力地提高学生习作水平，促进素质教育的实施。

# 第八节 生活作文在集团化办学中的协同发展

## 一、生活作文的价值需求

自古以来人们对读书写作都非常重视，在继往开来的信息化时代、"互联网+"时代、人工智能时代，人们对学生的习作水平要求越来越高。

### （一）立足学生未来的发展

文笔好的人把日常工作和生活中的事情归纳整理，发挥着辐射和传播的作用，在工作中常常会得到重用。让学生学会写作就是给学生添加了双翼，可帮助学生飞得更高更远。现在训练学生写生活作文是在为学生职业生涯奠定扎实的根基。在提高学生生活作文习作水平的同时，持续联系生活写作的理念也在影响着教师，教学相长在师生身上得到了充分的体现。

### （二）紧跟新兴时代的步伐

现在是"互联网+"的时代，不久将进入AI（人工智能）时代，在考虑学生职业发展时，还要考虑学生以后的生活发展，这两种发展是相辅相成的。现在很多的交流方式是图片加文字，拍吃的、穿的、玩的，交流心得体会等，对未来人的写作要求越来越高。杂乱无序的写作，让别人看不懂，看了费劲；无滋无味的写作，让别人感受不到作者真实的感受。很多时候，有人在微信群或者QQ群里，写的文字不成话，原因在于他看到的、听到的、想到的表达不出来。

以后的工作不一定就是固定在办公室里，家里也可以，旅途中也可以，方案和规划书材料等可以远距离发送，清晰的书面表达能减少反复的来回奔波。

## 二、生活作文的集团管理

将生活作文教学融入学校宏观的课程设置中，生活作文才会走上持续发展的轨道，才会有进一步的微观层面的具体操作。

### （一）组建团队，形成适度竞争态势

成立盐城市唐广泉名师工作室缤纷四季生活作文课程开发团队，工作室成员在各校区的缤纷四季生活作文办公室牵头开展活动，倒排工序，责任到人，有序竞争。四个校区分别同期进行缤纷四季生活作文教案设计比赛、课堂教学比赛、学生作品展示，根据上课情况和指导学生发表情况，产生集团的生活作文习作教学新秀、能手、带头人，每个老师建立一个微信二维码，扫一扫二维码就能看到他的自我研修和辅导学生的情况。设定教学流程与栏目，利用一年的时间完成课程教材的编写。

### （二）融入课程，考核评价一着不让

利用每周四下午班级兴趣小组活动时间，抽出一节来进行班级缤纷四季生活作文上周的作后评讲、下周的作前指导，有教案有检查，校区一学期总结一次。着手建立各校区各年级同一批次的缤纷四季生活作文的作前指导、教师下水文、学生作品集（以年级为纬线，以四季为经线，以每个年级教材的知识点为依托，寻找各年级学生的最近发展区，体现螺旋发展的过程）。建立学生每次的缤纷四季生活作文电子书，同步呈现学生和学校生活作文线性发展轨迹。给学生作文获奖发表多、有研究论文的老师发1—5星的习作教学能手、带头人的称号。孩子喜欢闯关游戏，进行一到六级的作文小能手、小作家评选，及时动态表彰一些习作好的学生。把家长的力量参与到生活作文课程里面来，表彰一些优秀习作指导家长。多方面形成合力，共同促进学生习作水平的提高。这些将结果和个人责任及利益联系到一起的评价制度，把各方面力量统整到学生的习作过程，将助力学生习作水平的提高。

### （三）课题引航，分层助推共同发展

在集团内形成生活作文的顶层设计机制（课程设置）、教师研究机制（理论和课例）、学生固定练笔机制（次数和展示）。以课题《"生活作文"校本课程的实践与思考》研究为突破口，把课题作为一张网，以顶层设计为机制，从集团层面来推进，把问题网在课题里，通过课题研究的经纬线，有序推进解决，学生的每一年是时间经线，学生每一次习作能力达标是纬线，交叉的那个点里有学校的顶层设计、教师、学生三股力量。从集团层面围绕生活作文课程开发进行理论研究和实践探索，每学期收集各校区的论文研究篇数，进行量的考核。让更多的教师进行生活作文课程的微课题研究。

# 第九节 "互联网+"背景下作文教学的探索与实践

## 一、背景介绍

以往的作文教学，强调学生写作知识的掌握和写作技能的训练，主要是先由教师讲授，再让学生进行写作练习。在这种教学模式下，学生写作容易出现与生活脱节、远离社会与实践的问题，写作内容缺少主观体验，没有真情实感。对学生来说，写作也变成了一件让人苦恼的事情。想要改革小学作文教学，首先需要改变教师教育理念，在教学过程中减少说教的内容，鼓励学生多观察生活，提高感受生活的能力，同时能够捕捉生活中的各类信息，并进行整合，运用到作文中来，以促进认知能力和写作能力的协调发展。笔者在教学过程中发现，以往的教学条件和素材远远不能满足教学创新的要求。在"互联网+"背景下，互联网可以为学生提供丰富的写作素材。利用互联网，可以拓宽学生获得信息的渠道，使用虚实结合的方式，结合生活体验，探索作文教学的新方向。

## 二、小学作文教学存在的问题

### （一）作文教学方式比较单一

传统的小学作文教学中，教师大多依据课标要求和教材内容设置作文教学目标。课堂上，基本以教师的说教为主，学生难以理解抽象化的概念。学生完成习作之后，教师再通过打分或点评的方式进行评价。这样的教学方式，学生很难发现自己作文中存在的问题，通过练习提升写作能力的效果极为有限。这种教学方式不仅无法提升学生的写作能力，还会让学生对写作丧失兴趣。

### （二）写作素材整合有难度

小学生年龄较小，生活阅历不丰富，对世界的认识相对有限，因此在写作的过程中往往感到无话可写。究其根本，主要是由于小学生在生活中接触的事物和生活环境相对单一，同时也缺乏将生活素材融入写作中的能力。

### （三）师生互动不理想

作文教学中，教师与学生之间的互动是最难实现的。作文教学有着较强的主观性和开放性，无论是课堂讲授还是评价反馈，教师都无法通过标准化的方式向学生阐述作文中可能存在的问题。同时，作文教学在语文课程设置中所占的教学时间并不长，这就更容易出现作文教学中师生互动方式简单且效果不佳的问题。

### （四）网络资源应用不充分

当前的作文教学大多是对网络信息资源的简单应用，并没有充分利用互联网的优势。要想在小学作文教学中充分将互联网的优势发挥出来，教师必须改变传统的说教式的教学方式，以互联网思维引导学生写作，让学生在接受作文知识的同时发散思维，提升资源整合的能力。同时，教师应当引导学生对事物进行比较，在比较中展开交流和反思，从而培养思维能力，在此基础上进行高质量的写作。

## 三、"互联网+"背景下作文教学的探索

### （一）借助多媒体技术丰富作文教学

在"互联网+"背景下，最为常见的手段就是使用多媒体进行教学。利用多媒体将丰富多彩的故事内容和具有表现力的画面引入作文教学的课堂，能够帮助教师提升作文教学的效率。多媒体能够给予学生感官上和思想上的冲击，帮助学生更加直接地了解写作所要呈现的内容和表达的主题。运用多媒体技术，

能帮助学生更好地理解课文，将其带入作者所描述的情境之中。通过创设情境，加强学生对课文内容的理解，在潜移默化中提升写作技巧。如四年级上册第六单元紧扣单元语文要素"通过人物的动作、语言、神态体会人物的心情"编排了《牛和鹅》《一只窝囊的大老虎》和《陀螺》三篇课文。本单元习作为"记一次游戏"，泡泡提示为"拍摄一些游戏时的场景，可以帮助我们写好游戏"。课堂上，教师可以播放视频，将学生游戏的场景展示出来，让学生提取写作过程中可能会用到的素材。由于学生参与过游戏过程，所以视频能够快速唤起学生的记忆。结合课文的学习，教师引导学生尝试运用学到的写作技巧，把游戏过程写清楚。

### （二）利用互联网平台实现资源共享

作文写作包括输入和输出两个方面，如果在前一个阶段不能把输入工作做好，就会在写作时出现无话可写、无事可叙的问题。因此，发挥"互联网+"的优势，首先应当利用互联网和多媒体多种多样的资源丰富学生的头脑，开阔其眼界。作文的写作素材应当源于生活，但是小学生阅历不足，在当前的学习环境中又缺乏外出探索和增加阅历的机会，因此通过互联网来获得一些素材是一个不错的选择。例如，浏览互联网，我们可以了解一些自己不知道的知识，将这些素材充分利用起来，便可为写作提供帮助。家长往往反对孩子经常玩手机，但是强行制止常常带来相反的效果。在这种情况下，教师可进行积极引导，如亲子共阅朋友圈，让孩子从中获得有利于写作的素材。四年级下册第四单元的习作是"我的动物朋友"，有些家庭没有养动物，孩子缺少与动物接触的机会，遇到这一主题，学生会觉得无话可写。在家长的好友中，总有喜欢动物的，可以让孩子在朋友圈中进行"萌宠大搜索"，通过图片、视频等，更好地了解与动物相处的具体情况，这不仅可以丰富学生的感受，而且可以为习作素材积累提供帮助。此外，教师还可以积极发挥引导作用，让家长们通过微信群将学生日常生活中接触较少的生活元素分享出来，如各地的风土人情、名胜古迹等。

### （三）利用互联网平台加强师生互动

传统的作文课堂教学大多是教师的单方面讲授，与学生的互动非常少，教师只有在学生完成作文之后才能了解学生的写作情况，无法为其提供更好的帮助，学生之间的互动更是少之又少。利用互联网平台可以改变这一状况。例如，创建班级互动论坛，教师可以邀请管理员，设置不同的班级文化栏目，加强生生、师生互动。如在进行五年级上册第二单元习作"'漫画'老师"教学前，教师可以在班级公共论坛发起"'漫画'老师"的话题，让学生进行投稿，师生均可跟帖评价。在此过程中可完成段落化的写作，教师即时点评和提出修改建议，让学生了解自己写作中存在的不足，及时修改和调整。在这个过程中，师生的互动，也能够提升学生的积极性。此外，教师还可以让学生在此类平台上对其他学生的作文进行点评，从他人的写作思路中获得灵感，同时也能帮助自己和他人发现写作中的问题。

### （四）打造个性化平台培养写作习惯

上述内容都是利用互联网现有的平台来丰富作文素材的教学方式。在条件允许的情况下，自主设计和开发一个作文学习平台则能够实现更高的效率。通过平台，可以将与生活相关的文字、图片和视频等资源整合起来，分门别类，供学生查看，获得写作灵感。例如，"班级管理大师""小黑板""腾讯班级小管家"等在线教育资源，均可创建班级，实现任务发布、挑战打卡、在线点评、资源存储与整合等交互功能。以四年级上册第三单元"写观察日记"为例，教师可以根据习作的要求，将习作训练转变为一次坚持记录的过程。给学生布置观察任务，设置每日分享和每周分享的板块，进行观察记录与反馈；鼓励学生将生活中发生的不明白的事情上传到平台，与同学共同探讨，帮助学生养成观察生活、探索生活的习惯。

在"互联网＋"现代化信息技术的冲击下，作文教学方式的改变是必然的趋势。互联网能够为作文教学提供丰富的素材，为教师提供更加高效的教学工具。因此，小学语文教师应当具有互联网思维，综合运用多种平台，为学生提供更多的生活资源，激发其写作热情，提高写作水平，最终促进小学作文教学的良性发展。

第二章

# 生活作文的实践探索

建湖县实验小学提出的"生活作文"教学实验研究始于 1996 年，经过 20 多年坚持不懈的实验研究，该项研究取得了丰硕成果，得到了专家的肯定，在省内外产生积极影响，形成了鲜明的办学特色，许多生活作文经典课例在省市级的赛课中获奖。结合部编版新教材对之前的生活作文案例进行了优化，专项选取关于"人物"类的口语交际和习作课例摘录出来，这些课例具有如下特点：一是明确习作目标。以各学段写作目标要求及各册课本单元内写作训练安排为依凭，精心设计各次写作训练的要求、内容、过程、方法，使新课程理念及实施意见全面注入生活作文教学设计全过程。二是尊重习作主体。把社会、家庭、校园、学生等鲜活的生活资源融入学生写作实践过程，让学生自选素材，自拟题目，自定文体，长短不限，可写想象中事，也可写现实中事，自己事自己写，自己情自己抒，自己文自己评，自己文自己改，让学生真正成为写作的主人。三是践行习作内容。指导过程中，每个步骤都充满丰富多彩的实践活动：有深入生活、体验感悟生活的积累过程；有述说故事、描绘故事、评议修改、缀文拟稿的操作过程；有选读范文、模仿范文、自作成文的创意活动。自觉践行"实践第一"的思想。四是共享习作过程。指导过程的建构面向教学，面向学生，面向教师。教师有指导，但导而不牵，导而不拘；学生自主互动，但自主而不自流，互动而有序。每一个步骤都以生活积累为依托，紧扣训练目标。师生、生生在合作互动中自然展开，在实践中生成。指导过程环环相扣，过渡自然，教师有充分的创意空间，易于操作。学生在写作实践中享受了自我表达的快乐。五是坚持以文化人。生活作文靠的是生生不息、丰富多彩的生活的滋养，生活作文也是学生感受体验生活和生命光芒的放射，同时关注写作实践中生命的成长。教师把"涵养化育，自然天成"的校本教育理念浸渗于写作实践过程：注重生活情景的设构、实践活动的锻炼、大自然的沐浴、情感的陶冶、一词一句地赏读体味……用生活丰沛学生的精神，用活动激发学生的智慧，用遣词作文涵养学生的灵魂，把学会生活、学会作文、学会做人融为一体。

# 第一节 "我们做朋友"口语交际教学设计

**教学内容：**

部编版教材一年级上册口语交际二。

**教学目标：**

1. 在交流互动的过程中，学会面带微笑，眼睛看着对方，认真倾听并了解别人的说话内容。

2. 能从姓名、爱好、家庭成员等方面展开话题聊天，并就感兴趣的话题和对方交流。

3. 在师生和生生互动的过程中，增长交流的兴趣与愿望，积极主动地参与交际，感受交朋友的快乐。

**课时安排：**

1 课时。

**教学过程：**

板块一：你好，我的新老师

1. 谈话导入，示范激趣。

导语：大家好，今天老师来到了美丽的 ×× 小学，和小朋友们聚在一起，听说 ×× 小学的小朋友个个聪明又可爱，这么多的新面孔，脸上洋溢着开心的笑容，真像一朵朵美丽的花儿。

2. 提问：

小朋友们，你们认识我吗？过渡：老师特别愿意和小朋友们交朋友，虽然老师的年龄比你们大，但老师和你们一样，也喜欢看有趣的动画，玩好玩的游戏，吃好吃的美食。今天，老师想跟你们做朋友。谁来跟老师做朋友？

提示：

（1）介绍自己的时候先说姓名。

（2）说话时眼睛注视着对方。（板贴眼睛）

（3）说话时面带微笑。（板贴微笑的嘴巴）

3. 主动提问，了解谈话内容。

过渡：老师很想和你们交朋友，那有没有同学想跟老师交朋友？你想了解老师哪些信息呢？来，问问老师吧！（学生问，老师看着学生眼睛回答）

总结：在刚才的沟通中我们知道，原来在和朋友聊天的时候可以说这么多话题啊，比如说我们的家庭成员、喜欢的美食、喜欢的宠物、班里的趣事等。（板贴话题）

（设计意图：学生入学两个月左右，班里同学相互之间还不太熟悉。利用生活情境，激发学生交际愿望。）

**板块二：聊一聊，我的老朋友**

1. 介绍好友，分享交友经验。

过渡：开学已经快一个学期了，你们一定认识了许多小伙伴，交到了很多好朋友。老师也很想认识你们的好朋友，你们能跟老师介绍一下吗？你们是怎么成为好朋友的？

2. 教师出示图片和视频：好朋友之间的互助分享。

图片情境：嘘！图书馆里面两个小朋友正在认真看书呢。我们要静悄悄的，千万不要打扰到她们。原来今天小姑娘看到了一本特别有意思的书，她马上邀请她的好朋友和她一起看。好朋友之间要——互相分享。

提问：你有这样的经历吗？

视频情境：丁零零，下课了，同学们迫不及待地冲出了教室，小张拿出了他的彩纸，准备做手工了，可是他怎么都剪不出满意的形状，这可急坏了他！这时候，他的好朋友出现了，手把手教他怎样正确使用剪刀。终于，他剪出了自己满意的形状。好朋友之间要——互相帮助。

提问：你有这样的经历吗？

3. 总结。

好朋友之间可以以共同的爱好为基础，好朋友之间还要互相帮助，懂得分享。在和朋友相处的过程中，要真诚以待，付出真心。

（设计意图：充分考虑学生交际的心理，把朝夕相处的同学作为交际对象，降低了交际的难度。引领学生在日常交谈中，能够主动实践，养成良好的交际习惯。）

**板块三：你好，我的新朋友**

1. 示范演练，提示交友要领。

过渡：小朋友们，现在你们已经有了自己的好朋友，但是我们班有四十多个小朋友，是不是有些同学想交朋友但是还没有成功呢？或者你还没有勇敢迈出交朋友的第一步，今天，在这节课上大胆地去交一个好朋友吧！真诚地告诉对方你的信息，和那个同学大声地说出"我们做朋友"吧。班里哪位同学是你最想认识的？老师现在要请一个小朋友来给大家做示范，走到你最想交朋友的那个小朋友面前，牵起他的手，发出交朋友的邀请。你们刚刚聊得特别开心，我们可以像他们一样从这些方面来说。那老师想问问你，你对他刚刚哪方面的信息最感兴趣？你能围绕这个方面再问问他吗？

2. 老师变身小记者采访。

他的交友邀请成功了吗？你愿意和他做朋友吗？

3. 师生评价交友示范。

提示：交谈时眼睛要看着对方，面带微笑，主动问对方更多方面的信息。

（设计意图：新的学习和生活让孩子们充满兴趣，但他们年龄小，易疲劳，注意力容易分散。因此我们应从学生的兴趣出发，创设各种情境，激发学生的交际兴趣和愿望。）

**板块四：找一找，我的新朋友**

1. 交友互动，实践交友方法。

过渡：看完了大家的交友示范，接下来我们就要开始交朋友了。老师给大家准备了秘密武器，就是这张交友卡。（出示）

温馨提醒：

（1）在教室内找到你想认识的一位新朋友聊一聊，如果有些人的身边没有朋友，你可以主动去认识他。

（2）了解新朋友，在圆圈内填上你了解到的朋友信息所对应的序号。

（3）音乐声停，回到座位。拿起你的交友卡，向这位同学发出你的交友邀请吧！老师播放背景音乐《找朋友》。

2. 秀出交友精彩，绽放友谊舞台。

过渡：交朋友的过程实在是太美好了！看，交友大舞台上的红星闪闪发光，好像在向你们招手呢。你和新朋友的交友过程能获得几颗星呢？

（1）"好友秀出来"。出示星级评价标准：小小耳朵，会倾听；小小嘴巴，要微笑；小小眼睛，看对方；问问信息，多聊聊；响亮声音，大胆说。老师读评价标准，再带学生拍手读。

（2）过渡：哪一对好朋友可以手牵手上来分享你们的交友故事呢？提问：在座的小朋友都是善于倾听的小评委，那你会给他们的交友过程打几颗星呢？

（3）评价：你给他们打了几颗星？你觉得他们哪些方面做得好？

3. 欢声齐唱，放歌交友时光。

过渡：今天交到了这么多的好朋友，你们开心吗？交朋友真令人高兴，老师刚刚看到小朋友们的脸上荡漾着开心的笑容，老师想送一首歌给爱交朋友的你们，用一首快乐的歌来结束这堂课吧！（播放《幸福拍手歌》，师生做动作齐唱）

结束语：认识了这么多小可爱，我也感到特别幸福。在交朋友的时候我们一定要主动大胆，微笑着向我们的好朋友发出交友的邀请，交流时眼睛看着对方，了解好朋友的不同信息。下课后，老师希望你们和班里的同学有更多的交流，希望你们今后能勇敢地认识更多的朋友！

（设计意图：通过本次口语交际活动，可以增进彼此间的了解。创设故事情境，引导学生知道与人交谈时，真诚地看着对方的眼睛是一种基本的交际原则和交际礼仪。）

# 第二节　"猜猜他是谁"习作教学设计

**教学内容：**

部编版教材三年级上册习作一。

**教学目标：**

1. 通过创设游戏情境，写几句话或一段话介绍自己的同学，体会习作的乐趣。

2. 学会观察身边的同学，选择一两个特别的地方，写出人物特点。

3. 掌握正确的习作格式，在写一段话时开头空两格。

**课时安排：**

1 课时。

**教学过程：**

**板块一：游戏引路，激发兴趣**

亲爱的同学们，在本单元的学习中，我们走进了"学校生活"。在《大青树下的小学》中，感受到了我国各民族儿童之间的友爱和团结；在《花的学校》中，体会了孩子和妈妈之间深厚的感情……在阅读中，我们不仅关注到了"有新鲜感的词语和句子"，而且其中具有鲜明特点的人物也给我们留下了深刻的印象。

1. 猜猜他是谁。

下面我们来做一个"猜猜他（她）是谁"的游戏，看看你们能不能通过文字描述，猜出他（她）是谁。

（1）活泼又可爱，聪明又淘气，心地善良，脑袋很大。

（2）五行山压不住，翻个筋斗十万八千里。

（3）他向每一位同学伸出赞美的大拇指。"×××同学，你真棒，今天到校好早呀！"又是一个拇指赞。

没错，你们一下子就猜出来了，他们分别是大头儿子、孙悟空和每个湖阳路小学生都喜欢的丁校长。

2. 为何能猜中。

为什么同学们一读到这些文字，就能马上猜到写的是这些人物呢？

预设：

大头儿子的外貌很有特点，头很大。孙悟空的特长就是"一个筋斗能翻十万八千里"。丁校长的大拇指太有特点，他经常赞美我们。每个人都是独一无二的自己，我们之所以能够很快猜出这些人物，是因为这些文字准确地写出了人物的特点，或是外貌，或是性格，或是语言动作。

（设计意图：习作的主体是学生，学生的经验是写作的基础。教师应该引导学生利用已有的知识经验、认知结构和情意态度去主动同化外界的教育影响，对它们进行吸收、改造、加工或排斥，从而实现主体结构的建构与改造。也就是说，教师教学活动的组织要尊重学生的日常生活体验，"课标"也提出"写作教学应贴近学生实际，让学生易于动笔，乐于表达，应引导学生关注现实，热爱生活，积极向上，表达真情实感"。）

**板块二：工具撬动，打开思路**

1. 我来创作，你来猜。

请你选择一个熟悉的同学，想想他（她）有哪些特别的地方。用几句话或一段话来描述他（她）的特点，你会怎样介绍？（老师相机板书：外貌特点、性格品质、兴趣爱好）

2. 借助范文，拓思路。

快找书中的范文帮帮忙吧。我们一起阅读书上四个方框里列出的四段话，看看他们是从哪些方面写的，怎么写的。

3. 思维导图，选材广。

在大家的集思广益中，我们打开思路，从多个角度挖掘身边的素材，形成这样一个思维导图。你也可以建立自己的"素材库",相信它可以帮助我们更好地选材。

（设计意图：思维导图辅助教学，使学生掌握写作的规律，发散写作的思维，并形成规范的、有序的表达。在这一教学过程中，教师运用思维导图，围绕主题——"猜猜他是谁"，引导学生发散思维，先寻找人物的特点，再通过归类，厘清思路，聚焦特点。）

**板块三：探究写法，放大"特点"**

确定了同学的特点后，如何把他（她）写清楚呢？仅仅是一两个关键词，肯定不足以让同学们猜出他是谁。那怎么办呢？别着急！老师为你提供几个小锦囊。

锦囊1：人物外貌"放大镜"。

要想让别人猜出来写的是谁，在写作时就要紧紧抓住他（她）的特点，首先是对外貌进行具体描写，用"放大镜"仔细观察，抓住他（她）外貌上最有特点的一两点即可，不必面面俱到。同时，还要按照一定的顺序，如从头到脚、从体态到穿着等。

锦囊2：典型事例"作支撑"。

光抓住外貌特点还不够，还可以从人物的性格品质、兴趣爱好等方面入手，发现特点并用典型事例支持。如书中的例子"他关心班里的每个人。有一次我数学没考好，心情不好，他主动来安慰我，还送我一盒酸奶……"围绕关键词"关心同学"，列举与之对应的事例。我们也可以借助"人物素材卡"，写下最能够体现人物特点的典型事例，着眼细节，凸显特点。

## "猜猜他是谁"人物素材卡

特　　点：＿＿＿＿＿＿＿＿＿＿

典型事例：＿＿＿＿＿＿＿＿＿＿

锦囊3：语动心神"来帮忙"。

在选取了典型事例之后，还可以尝试着运用语言、动作、神态等描写来表现人物的特点，将人物写具体、写生动，甚至还可以运用比喻、拟人等修辞手法，写出"有新鲜感的词语和句子"。

锦囊4：我的词语"加工厂"。

同学们若能积累大量的语汇、句式、段篇，下笔定会"如有神"。围绕人物主题，快快建立你的词语"加工厂"吧。

## 我的词语"加工厂"

描写人物外貌：会说话的眼睛　眯成一条缝的眼睛　齐眉的刘海儿　清瘦的脸　红扑扑的脸蛋　身材矮小　身形魁梧　浓眉大眼　眉清目秀

描写人物神态：从容自若　心平气和　得意扬扬　如痴如醉　傲慢无礼全神贯注

描写人物性格：心灵手巧　心直口快　谨小慎微　豪放不羁　刁钻古怪善解人意　助人为乐　斤斤计较　和蔼可亲　性格活泼　乐天达观　风趣幽默

最后，我们用一个小口诀总结一下之前的技巧：描写人物抓特点，突出一点特征显，对照特点找事例，人物如生品性现。

带着以上四个锦囊，开始你们的写作吧。注意哦，不能在文中出现他（她）的名字，记得开头要空两格。

（设计意图：中段阅读教学紧扣的语文要素是"关注有新鲜感的词语和句子"，在习作教学中，教师应该用示范性的词语、段落引发学生的写作兴趣，搭建支架、细化表达，使学生轻松完成习作，鼓励学生运用自己以往积累的有新鲜感的语言写作，获得表达能力的提升。）

**板块四：分享交流，完善习作**

1. 习作"交流吧"。

写好后，同学们可以在小组内进行"猜一猜"的游戏。大声把习作读出来，让组员猜一猜自己写的是谁。如果猜不出来，想一想你漏写了他的哪些典型特征，根据同学们的意见进行修改。

2. 互动"分诊台"。

对照表格，根据评价标准，对自己和他人的习作进行自评和互评。

| 评价维度 | | | |
|---|---|---|---|
| 段落前面空两格 | | | |
| 能否猜出他是谁 | | | |
| 写出了典型特征 | | | |
| 给出了典型事例 | | | |
| 有语言动作神态的描写 | | | |

根据评分情况，再次修改自己的习作。

3. 作品"分享营"。

最后，我们在班级开辟一方"习作分享营"，将全班同学的习作贴在墙报上，继续开展"读习作猜人物"的游戏，大家一起猜。

（设计意图：借助习作评价思维导图，我们能清晰地看到学生的写作思路，看到他们思维的方向、范围，并据此进行评价、引导。在交流的过程中，学生能从同伴的评价思维导图中获得启发，使发散思维得以不断发展；同时，评价思维导图能帮助学生对写作内容、写作手法等进行更直观的自我导向和自我评价。）

# 第三节 "身边那些有特点的人"习作教学设计

**教学内容：**

部编版教材三年级下册习作六。

**教学目标：**

1.通过课前观察身边人物的特点，阅读《调皮的日子》和课中指导，尝试用一件事或几件事表现出人物特点。

2.能模仿范例，抓住描写人物特点的词给习作拟题。

3.通过自读、互评等方式修改、完善习作，并与他人分享习作，感受习作的乐趣。

**课时安排：**

1课时。

**教学过程：**

板块一：聊聊表示人物特点的词语，锁定特点

1.聊聊身边人物，揭题。

（1）由课前观察身边人物的话题导入：说一说最近一段时间观察了谁，他有哪些特点等。

（2）板书习作题目。

2.聊聊表示特点的词语。

（1）引出表示人物特点的词。回顾《剃头大师》中小沙的特点——"胆小鬼"。

（2）了解各种表示人物特点的词。先出示教材上气球图片中的词语"小书虫""乐天派""热心肠"，相机引导学生发现表示人物特点的词语有多种，有表现人物兴趣爱好的（小书虫）；有表示人物性格特点的（乐天派）；还有表示人物优良品质的（热心肠）。再出示气球图片中的其他词语"运动健将""智多星""故事大王""幽默王子""昆虫迷""小问号"，学生读、了解各种表示人物特点的词。最后出示课前学生在"观察备忘录"上搜集整理的词语（淘气包、贪吃鬼、大力士等），补充到教材的气球图片中。

（3）锁定人物及其特点。引导学生在脑海中快速搜索课前观察的人物，并锁定一个特点明显的人。指名用一个表示特点的词语说一说这个人。

（设计意图：从观察到的身边人物说起，轻松打开学生的话匣子。回顾本单元课文中的人物，引出表示人物特点的词语，并引导学生发现表示人物特点词语的多样性，同时结合课前学生完成的"观察备忘录"中的人物特点，拓宽习作思路，锁定要写的人物，解决了写什么的问题。）

**板块二：反馈比较，明晰表现特点的方法**

第一种方法：通过一件事表现人物特点。

1.呈现学生的"观察备忘录"，明晰如何表现特点。

（1）出示观察备忘录一，在交流中明白：表现"特点"的事例要与众不同。

人物姓名：杨忆

人物特点：小书虫

表现人物特点的例子：杨忆每天早上一到学校就阅读，她是小书虫。

（2）出示观察备忘录二，在交流中明白：表现"特点"的事例要与特点相符。

人物姓名：黄浩

人物特点：乐天派

表现人物特点的例子：黄浩很爱学习，上课专心听讲，作业认真完成，还经常帮助我。姥姥让我向他学习。

2.链接秦文君的《调皮的日子》片段，感悟如何表现特点。

（1）出示描写"姑妈"的片段，学生默读。

（2）交流。作者抓住姑妈爱美这个特点，通过"问我、找衣服、换衣服"

来凸显。相机出示如下板贴：

| |
|---|
| 爱美 |
| 穿上新裙子问我好看不 |
| 翻箱倒柜找衣服 |
| 换条裙子又来问我 |

（3）梳理：表现一个人的特点可以通过生活中的一个典型事例来表现，而且要按事情的先后顺序写下这件事。相机标注表示先后的箭头。

第二种方法：通过几件事表现人物特点。

1. 呈现学生的观察备忘录。

人物姓名：张琪

人物特点：热心肠

例子：一提到"热心肠"，我就想起张琪来。有一次，我的笔忘记带了，张琪就把笔借给了我。又有一次，有个同学的本子用完了，她就把本子借给别人。还有一次，下雨了，我没带伞，张琪又借给我伞。

2. 交流：通过几件事来表现张琪的热心肠，这是另一种写法。可是，写的是"三借"，是属于同一方面的事。能否写几个不同方面的事来表现人物特点呢？

3. 链接《调皮的日子》中的片段。

（1）出示描写"姑妈"的片段，学生默读。

（2）交流。作者抓住姑妈"脾气好"这一特点，通过三个方面来表现。相机出示如下板贴：

| 脾气好 | | |
|---|---|---|
| 干活时哼歌 | 享受喝苦药汁 | 对捣蛋的我不生气 |

（3）梳理：可以通过不同方面的几件事来表现人物的特点。

（4）交流拓宽思路：联系上文观察备忘录中"热心肠"的张琪，除了写"借东西"，还可以写哪些方面的事例？

（设计意图：在本单元的开始，推荐学生阅读秦文君的《调皮的日子》，感受书中人物的鲜明特点。同时布置学生观察身边人物，发现人物特点，并做好观察备忘录，拉长习作与生活、阅读的链接线。课堂上截取描写姑妈的典型片段，与学生的观察备忘录做比较，并借助板贴展示，让学生明白表现人物特点的两种写法，从而解决了怎么写的问题。）

板块三：构特点框架，尝试习作

1.学生填写习作思维导图（以上思维导图可二选一填写），仿照板贴搭建习作框架。

2.指名展示思维导图，师生相机点评：一是所选的事例有没有扣住人物特点；二是写一件事是否按先后顺序；三是写的几件事是否通过几个方面表现人物特点。

3.同桌互相说说自己填写的思维导图，互评互改。

4.学生习作，出示习作要求：尝试用一件事或几个方面表现出人物特点得三颗星；能做到语句通顺，表达有条理，标点正确得四颗星；尝试写得生动有趣得五颗星。

（设计意图：有了前期的观察积累和姑妈特点的板贴引领，借助思维导图构建习作框架，对学生之前锁定的人物及鲜明特点进行梳理，在展示点评、同桌互评中修改框架内容，为学生顺利完成习作做扎实的铺垫。习作时，出示星级要求使习作更有挑战性。）

板块四：模仿示例，扣特点拟题目

1.出示范例，发现拟题特点。

（1）出示《我们班的昆虫迷》《家有虎妈》《戏迷爷爷》等题目，让学生读一读。

（2）发现拟题特点：一是题目中体现了写的是谁；二是题目中用上了表示人物特点的词语；三是题目要简洁得当。

2.尝试拟题。再次出示上述描写"姑妈"的两个片段，学生尝试拟题:《爱美的姑妈》《好脾气姑妈》。

3.给自己的习作拟题。

（1）学生自主给习作拟题。

（2）指名说，扣住拟题的三个特点进行评议。

（设计意图：能抓住人物特点给习作拟题是本次习作需达成的目标。根据教材提供的范例，引导学生发现拟题特点，再结合上文出示的描写姑妈的片段尝试拟题，最后给自己的习作拟一个恰当的题目达成目标。）

**板块五：评议修改，提升习作**

1. 出示评改要求。是否扣住人物特点写；是否通过一件事或几个方面来表现人物特点；是否语句通顺，标点正确；是否写得生动有趣。

2. 学生自读自改。引导学生大声朗读自己的习作，边读边修改。

3. 学生互相评改。找同伴互读各自的习作，修改完善习作。

4. 可以给习作中描写的那个人看看，听听他的评价。

5. 佳作展示。在教室板报、班级群等发布。

（设计意图：文章不厌百回改，通过自读自改、互评互改等方式不断提高学生的习作能力。佳作展示在无形中激发了学生的习作积极性。）

# 第四节　"小小动物园"习作教学设计

**教学内容：**

部编版教材四年级上册习作二。

**教学目标：**

1. 留心观察，发现每位家庭成员特点。

2. 运用绘本引路、句式练习、思维导图等方式打开思路，展开丰富联想，找到家庭成员特点和动物的相似之处。

3. 通过绘本阅读等方式，学习如何用具体事例写人物，写出人物特点，并在字里行间表达对家人的爱。

4. 通过换一个角度写人物的尝试，感受创造性表达的乐趣。

**课时安排：**

1 课时。

**教学过程：**

**板块一：猜谜导入，关注动物特点**

你喜欢动物吗？了解动物吗？考考你，这是什么动物？

个子高，脖子长，脑袋顶到云朵上。扯块夜空做衣裳，披了一身星星亮。

追问：证据是什么？再来个长点儿的谜语：

每次到动物园，最想看的总是它。它全身都是条纹，有点儿像西瓜。那些条纹有多少？试着去数数它。没想刚数到一半，就已经头昏眼花。

追问：谜底是什么？哪个证据暴露了谜底？

（设计意图：由学生最喜欢的猜谜引入，激发学生兴趣，同时引导学生关注动物特点，了解到每个动物都是具有鲜明特点的，为后面的"用动物写人"埋下伏笔。）

**板块二：悦读绘本，初试"用动物写人"**

1.继续猜谜，关注特点。

（1）出示谜面：一头金发蓬松松，发起脾气别乱惹，大吼一声地也抖。

（2）追问：这是谁？证据是什么？

2.揭示谜底，引出人物。

（1）课件揭秘，画风突变——"我妈妈"。

（2）明明像狮子，可谜底怎么是"妈妈"呢？谁来猜猜原因？出示句式，练习说话：

我的妈妈是狮子，因为_____。

（3）师生共读绘本故事《我妈妈》。

（4）讨论：平时作文中，我们用得最多的是拟人，经常把动物当成人来写，这里却倒过来，把人当成动物写，这样写有什么好处？

3.句式练习，展开想象。

（1）出示句式：我的_____（家人）是_____（动物），因为_____。

（2）要求：想想你的家人像什么动物，证据是什么？想得最像最有意思的，可以获得"脑洞大开奖"。

（3）指名说，集体评议。评价标准：是否揭示了家人的特点，是否抓住了动物与人物的相似之处。

（设计意图：由猜妈妈的谜语，到绘本故事《我妈妈》，再到句式练习"说说自己的家人像什么动物"。以绘本为支架，引导学生初步学会"用动物写人"。）

**板块三：思维导图，建立"动物家园"**

1.出示思维导图，组建自己的"动物家园"。

| 我（　　） | 爸爸（　　） | 妈妈（　　） |
|---|---|---|
| | 我家是个动物园 | |

2. 指名读要求：先想想，你的家人和哪种动物比较像？什么地方像？再完成思维导图。

3. 学生完成思维导图后指名上台展示导图，集体评选"最佳园长奖"。

评价标准：是否找准了家人与动物的相似之处？找到的动物是否有新鲜感，是否准确？抓住的特点是否有趣？

板块四：共读绘本，学习"以事写人"

1. 绘本引路，学习以事写人的方法。

（1）学习方法一：一件事，具体写。

出示绘本改编的下水文一：

我叫祥太，是个小男生，其实呢……我是只小猴子，吃起香蕉来，啊呜啊呜两口，香蕉不见了；爬起树来，蹭蹭蹭蹭几下，我不见了。

家门口的那棵老槐树，就是我的猴窝。那次，我不小心又把妹妹惹急了，没等她的踢人功过来，我随手抓根香蕉往口袋里一塞，就冲出了家门，双手环抱树干，两脚一勾、一蹬，再抓住那根横生的树杈，一荡，就到了树上。骑上一根能倚靠背脊的丫杈，剥开香蕉，再朝在树下直跳的妹妹做鬼脸，哈哈。

集体评议，总结写法：一件具体生动的事，能把人物特点展现得更加鲜明。老师把这个法宝编了个口诀：一件事，具体写。

（2）学习方法二：三件事，分别写。

出示绘本改编的下水文二：

这是我妹妹，茜茜。其实呢她是只小白兔，最爱竖起耳朵听别人说话。

预测：猜猜看，为了证明妹妹是只长耳朵的小白兔，祥太会举什么事例？

继续出示下水文二：

每次在屋内玩"听脚步，猜人物"游戏，妹妹总是拿第一！

妈妈拿着我的 10 分试卷，把我骂得狗血淋头时，不用说我都知道，妹妹一定在窗下幸灾乐祸地听着。

"滋滋滋……"厨房里真热闹呀——妹妹竖起耳朵一听，耸起鼻子一闻，立马大叫："呀！今天吃牛排！"

讨论：数数看，祥太用几件事介绍了妹妹的长耳朵？

小结：在中国文化的逻辑里，三代表多，这一招叫——三件事，分别写。

（3）学习方法三：多件事，排比写。

出示绘本改编的下水文三：

这是我妈妈，明美女士。其实呢……她是只大浣熊。不管看到什么东西都马上收去洗。你瞧，妈妈每天都会大搜罗：爸爸的脏裤子，洗了！妹妹的花裙子，洗了！爷爷的长外套，洗了！奶奶的晚礼服，洗了！好吧，连缩在一堆脏被套中睡着了的我，也被丢进了大木盆，洗了！

讨论：这么多次"洗了"的故事，叠在一起，让我们看到了一个怎样的妈妈？

小结：我们还可以抓住一个特点，用多件事来证明，这个法宝叫——多件事，排比写。

2.片段作文，尝试运用以事写人的方法。

（1）要求：从自己的思维导图中选一个你最想介绍的家人，抓住他的一个特点，任选一个写作法宝，写一段话。注意，抓住特点展开想象，选择趣事突出特点。

（2）学生独立完成习作片段。

（3）指名分享习作，评选"妙笔生趣奖"。

评价标准：特点鲜明、事例突出。

（设计意图：对三年级学生而言，找到人和动物之间的相似点，说清楚家人像什么动物，不难，难的是如何把家人这个特点写具体写生动。所以，笔者用下水文给学生提供生动的范例，并相机总结出用具体事例来展现人物特点的三种形式，为学生的写作搭梯子。）

**板块五：总结写法，拓宽描写家人角度**

1.亲爱的同学们，我们学会了把人写成"动物"，还学会了换一种角度能把人写得更有意思，所以，除了把家变成动物园外，咱们还可以把家变成什么呢？（小小"植物园"、小小"游乐场"……）

2.作业布置：回家后，可以按照教材要求，把这篇《小小动物园》接着写完，也可以另辟蹊径，用另一种角度来写自己的家人。

（设计意图：作文教学如果仅仅停留在由这一课学会写这一篇文章，那只是基本任务。做教师的，应该力求引导学生由这一课学会写这一类文章。所以，在课末，笔者引导学生由这一课发现换一种角度来写家人能增添文章的情趣，并引发学生的想象，把家写成"植物园""游乐场"……）

# 第五节　"讲历史人物故事"口语交际教学设计

**教学内容：**

部编版教材四年级上册口语交际八。

**教学目标：**

1.尝试用个性化的卡片提示重要信息，讲自己喜欢的历史人物故事，能讲完整、讲流畅、讲得有条理。

2.学生讲述故事的过程中能够关注听众的反应，能使用恰当的语气和肢体语言，让讲述更生动。

3.在互动评价中培养学生认真倾听的交际习惯。

**课时安排：**

1课时。

**教学设计：**

**板块一：猜猜故事人物，引出主题**

1.游戏导入，引出历史人物。

这一单元我们学习了历史人物故事，同学们课外也阅读过这样的故事。现在，我们先一起来玩个游戏——"听词猜人物"。你们猜猜他是谁？这些是中国历史上的著名人物，他们在历史的长河中留下足迹，在历史发展中产生过重要影响，我们把这些人物称为历史人物。

破除迷信兴修水利河伯娶亲（西门豹）

屈服求和卧薪尝胆洗刷耻辱（勾践）

草船借箭火烧赤壁三气周瑜（诸葛亮）

你还知道哪些历史人物？

2. 揭示目标，激发讲述兴趣。

今天，我们就来举行一个历史人物故事会，一起讲一讲历史人物故事，（板书：历史人物故事会）每个故事讲述时间为3分钟左右。评选出的故事大王有机会到其他班级巡回讲故事。

（设计意图：以游戏调动学生参与的热情，感受历史人物特点，创设既富有生活气息，又与文本相关的交际情境。）

**板块二：立足实际困难，寻找方法**

1. 从实际问题出发，创设交际情境。

如果请你来讲故事，你会担心什么？预设：历史人物故事很多，不知道挑选哪一个。担心讲的时候一紧张就忘记后面的内容了。担心讲的时候会结结巴巴。

2. 引发互动交流，寻找解决方法。

（1）如何选择人物故事呢？这个问题，有谁能帮他支个招？老师引导学生说出选择的理由。学生：我想讲 ×× 的故事，因为……老师总结：选择这个故事可能是因为主人公特点鲜明；可能是这个故事能给人启迪；也可能是这个故事本身比较好记，方便讲述……听了他们的交流，你一定也有了自己的想法，请先确定好一个人物故事吧。

（2）有什么好方法能让我们把故事讲好呢？我们到书中找找答案吧！默读本单元口语交际内容，想一想，书中给我们提供了哪些妙招？

（3）学生交流，教师板书：提出疑问卡片，提示内容连贯，提出建议语气、动作适当生动。

（设计意图：从学生讲故事会遇到的实际困难出发，创设交际情境。在学生需要点拨的时候，引导学生阅读文本，关注小贴士，使学生领悟口语训练的方法。）

**板块三：微课回顾方法，突破难点**

1. 联系前知，体会小卡片的作用。

（1）选好故事后，我们来试一试。用来提示讲述的小卡片上该记些什么内容呢？学生思考后交流。

（2）我们一起回顾一下本学期故事单元的学习，看看对你有什么启发。（播放微课）

同学们，在第四单元神话故事单元里，我们就已经学习了讲故事。比如《盘古开天地》一课，我们通过找出故事里的神奇之处，讲了盘古开天地的过程。也有同学摘录了文中表示时间的词语作为线索，清楚地讲述了故事的经过。《普罗米修斯》一课，我们按照起因、经过和结果的顺序讲述了普罗米修斯"盗"火的故事。在《女娲补天》的学习中，我们不仅讲了故事的起因、经过和结果，还想象了女娲从各地捡来五种颜色石头的过程。

在第八单元历史人物故事单元的学习中，我们学习了简要复述课文。《西门豹治邺》一课，同学们根据课文内容概括关键信息，简要复述了故事。《故事二则》通过找出表示故事发展先后顺序的词语，复述了两个故事。

这些关键信息，能帮助我们记住故事的脉络，提示我们连贯地讲述故事。你不妨写在小卡片上。当然，故事中有些特别精彩的地方，你想重点讲述，也可以标记一下。在练习讲述的过程中，如果有你特别容易忘记的内容，可以在小卡片上记一记；你想在哪里配上动作，也可以在小卡片上提示一下自己。总之，这张小卡片将成为你讲好故事的小助手。

2. 借助个性化小卡片练习把故事讲完整、连贯。

根据你确定的故事，先记一记，再试着讲一讲。如果有需要，制作一张小卡片，给自己一个提示。学生练习、准备。

（设计意图：引导学生发现本册教材课文间的关联性，体现讲故事这一教学目标达成的阶梯性。通过对本单元课文学习的回顾，梳理把握故事结构特点的方法，指导学生制作小卡片，为完整连贯地讲述历史故事提供资源。）

**板块四：评议促进互动，练讲故事**

1. 个体示范，在交际互动中获得提升。

（1）指名学生上台试讲。（如有小卡片，将小卡片带上来）

（2）师生与讲故事的学生对话互动。

预设：

①你为什么能讲得这么好？

②你在哪几个地方用小卡片提示了自己？

③其他同学在听的过程中有什么疑问，你来问一问。

④对他的讲述，你还有什么建议吗？（过程中提示台下学生注意提问时语气要恰当，态度要真诚。提示台上学生听了他人评价后该如何应答）

⑤可以帮他在什么地方设计一些表情动作，让故事的讲述更生动。互动过程中教师注意引导学生用规范的语言，礼貌地表达自己的想法。

师总结：不同人物的语气是不一样的，不同人物说话时动作也不一样。我们讲故事时要把人物讲话时的语气说好，还可以加上一些动作，这样故事就能更加吸引人。

（3）经过交流，请你再讲讲这个故事，让大家看到你的进步。

（设计意图：在进行口语交际时，说者要懂得在什么场合说话，怎么说，用什么样的语言，辅以什么样的手势等；听者要懂得将场面情势、脸色眼神、手势动作尽收眼底，融入心中，并主动礼貌交流。本环节通过对倾听能力、表达能力、沟通能力的训练，优化学生的思维品质、心理素质。）

2.全体练讲，将故事讲得更生动。

同学们，结合大家的意见，把故事再试讲一遍。这次，注意讲述的语气、表情和动作，让故事讲得更生动，看看谁讲得比以前好。

（设计意图：关注全体，讲故事比赛除了横向的比较，评价中更看重纵向的比较。以"看看谁讲得比以前好"，激发学生的讲练，达成口语交际的广度。）

3.四人小组间讲述故事，互动评议。

4.四人小组推荐成员上台讲述历史人物故事，互动交流。

（设计意图：把故事讲生动，吸引听众，对学生来说是难点，需要反复训练。这一轮练习小组合作，发挥同伴互助作用。）

**板块五：激励拓展阅读，传承文化**

师：这些历史人物故事，很多来自《中华上下五千年》《中国历史名人传记》这两本书。阅读历史人物故事能启迪心灵，获得学习与生活的灵感，学习做人与做事，让历史人物故事也成为你学习中的好伙伴。

（设计意图：把讲历史人物故事和阅读《中华上下五千年》《中国历史名人传记》等紧密结合，让课堂上散发着浓浓的文化气息。中国历史人物故事能帮助学生认识世界，理解社会，传承文化。）

# 第六节 "自我介绍"口语交际教学设计

**教学内容：**

部编版教材四年级下册口语交际七。

**教学目标：**

1.通过设置不同情境，以个人介绍、角色扮演、小组交流等方式，明确自我介绍的侧重点，对象和目的不同，内容也不相同。

2.明确交际要求，让学生掌握按顺序、有条理表达的方法，以身示范学生如何礼貌倾听、回应他人。

3.通过组内交流和轮流介绍，学习运用自我介绍的几种特色方法，情景再现，在实践中巩固口语交际"自我介绍侧重点"和"听取他人意见"的交际目标。

**课时安排：**

1课时。

**教学过程：**

**板块一：话题导入，建构范式**

1.导入：在日常生活中，我们常常需要向别人作自我介绍，比如初次见面，转学到新学校，或参加某种竞选……面对不同的情况，怎样介绍自己呢？这节课，我们就一起来探讨一下。

2.创境：假如我是你们的新老师，很想认识大家，谁愿意来介绍自己？

（1）随机采访4—5名学生作自我介绍，老师相机评价。

（2）小结：姓名、年龄、来自何处都是一个人的基本信息。这些，同学们都说清楚了。一般情况下，自我介绍时，还可以说些什么才能让人更了解你呢？（指生说）

3.师小结：只要介绍了自己的基本信息、性格、兴趣、爱好等，再加上问候语和结束语，自我介绍就能说清楚了。

（设计意图：创境入课，简要说明生活中何时需要介绍自己，让学生感到自我介绍在生活中很有用。接着通过即时采访，引导学生了解一般情况下自我介绍应涉及的内容。同时，通过思维导图，让学生直观形象地在大脑中建构自我介绍的一般范式。）

**板块二：转换情境，懂得取舍**

1.情境一：陌生来电，向陌生人介绍自己。

师：听！魔法学校的小精灵有话对我们说。（模拟来电）×××班的同学们，你们好！听说你们都特别喜欢我，所以在我们学校即将举行十周年庆典之际，我想请大家来我们魔法学校参观学习。条件是你能把自己的外貌说清楚，包括你的长相、身材、衣着等，让到车站迎接你的人能够认出你。（指生说，师相机指导）

师生点评：你觉得魔法学校能接到他吗？

2.情境二：转至新校，向新同学介绍自己。

师：魔法学校到了，面对这么多新同学，你会怎样作自我介绍呢？

同桌互说，再指生说。

师：他说清楚了什么？重点介绍了什么？（指生说）

师再问该生：你为什么选择这个方面来介绍自己？（生说理由）

师小结：面对新同学，我们要重点介绍自己的性格、兴趣、爱好等特点，才能让他们更好地了解我们，我们也能更快地找到志同道合的新朋友。

3.情境三：参加"小歌手"选拔活动，向评委介绍自己。

师：为搞好庆典，魔法学校将开展"小歌手"选拔活动，你也想参加。选拔中，你要向评委重点介绍什么呢？（指生说，师点拨要重点介绍特长、优势、成绩等）

指生评价：他讲清楚了什么？重点介绍了什么？

师小结：只有介绍出自己的特长、已取得的成绩或成就，也就是你的亮点，才能让选拔方了解到你是他需要的人。

借助板书，引导学生比较：都是作自我介绍，有什么不同？

师生小结：当我们向陌生人介绍自己时，要清楚地介绍自己的样子；向新朋友介绍自己时，一定要把自己的特点介绍清楚；当我们参加应聘或竞选时，要重点介绍自己的优点、亮点，才能让评委对自己印象深刻。也就是说，面对的对象和目的不同，自我介绍的内容就有所不同。

（设计意图：情境性与现场感，是口语交际的重要特征。为给学生身临其境的感觉，教师以魔法学校的约请为线索，创设一系列情境，引导学生切身感受到在不同的场景中，介绍自己的重点要有所不同，这样才能更好地达成自己的目的。）

板块三：范例引路，感悟其法

1.动画激趣，品析方法。

师：下面请大家看一段动画片，看你能得到什么启发。（播放画面是动画人物的自我介绍视频）

（1）师：你记住了人物的什么？为什么一下子就记住了这些？（生交流）

（2）师：这是用了漫画的手法，把自己与众不同的长相、特长等放大，采用漫画特点法来介绍，特别容易让人一下子记住自己。

（3）分享点子，互相启发。

师：同学们，谁还有什么能让人加深对你印象的金点子？（指生说）

2.出示锦囊，教给方法。

过渡：看，小精灵也给大家带来了一些锦囊妙计。

（1）关联法。

出示名字：郝俊杰。

师：看到这个名字，你会想到哪个人？（指生说）

师小结：作自我介绍时，把名字与大家熟知的人联系在一起，利用关联法，能给人留下深刻的印象，让别人很快记住你。

（2）举例说明法。

出示：大家好！我是小精灵，是魔法界的魔法师。我勇敢顽强，即使面对最邪恶、最凶残的妖怪，也毫不畏惧，并与他展开殊死搏斗。历经千难万险，我最终战胜了他，拯救了魔法世界。

师：从这段介绍中，你知道小精灵的特点是什么？用了什么方法？（指生说）

师小结：这就叫举例说明法。用上具体的实例来介绍自己，能给人留下更生动、形象的印象，记忆就更深刻。

3. 实例欣赏，化悟方法。

师：知道了这么多方法，到底该怎样运用呢？下面请看这些小选手们是怎样介绍自己的。（播放视频：青少年才艺电视大赛中自我介绍的片段）

（设计意图：自我介绍，其实就是一种技能训练。工欲善其事，必先利其器。通过举例，教给学生一些自我介绍的技巧，使其在作自我介绍时，能够有样可学，有法可用，从而提升学生自我介绍的趣味性和有效性。）

**板块四：运用法宝，实操演练**

过渡：看了这些小选手的自我介绍，你是不是也跃跃欲试了呢？让我们也来一试身手吧。

1. 出示活动要求：①向魔法学校接你的工作人员介绍自己；②向魔法学校的新同学介绍自己；③参加魔法学校"小歌手"竞选活动；④自创情境，如魔法学校十周年庆典、"小小志愿者""小小通讯员"等招募自荐。

2. 四人小组模拟练习，稍后模拟介绍。

师：请同学们分小组，选择其中一项，扮演角色，用今天学到的方法作自我介绍。介绍结束，再有礼貌地请同学为你点评，评出等级。（学生分组选择一个情境进行自我介绍）

3. 指几组学生进行活动反馈，交流评价。

（设计意图：模拟实操，是口语交际教学的重要一环。要将概念化为行动，化知为能，就必须给学生具体练习的空间。笔者深谙此道，在为学生提供多种可选择的情境下，让学生分小组担当不同角色充分练说，既为学生营造了口语交际的场景，又充分尊重了学生学习的自主性。练习后的相互评价，引导学生进一步明晰了本次口语交际的要点，并在多次修正练习中，不断提升学生灵活运用方法的能力。）

**板块五：总结拓展，指向生活**

师：生活中还有许多时候需要自我介绍，比如隔壁来了新邻居，参加班委评选……对象不同，目的不同，自我介绍的侧重点就会不同。希望同学们以后能利用今天学到的方法，更好地介绍自己，认识新朋友，开辟新路径，开启你们美好的人生。

（设计意图：课尾，将学生的目光进一步引向生活、引向未来，激发学生在现实生活中作好自我介绍的信心与勇气，让他们带着方法、带着自信，走向未来的生活。）

# 第七节　"我的自画像"习作教学设计

**教学内容：**

部编版教材四年级下册习作七。

**教学目标：**

1. 能从外貌、主要性格、最大的爱好和特长等方面写出自己的特点，并能用具体的事例说明。

2. 能主动与他人分享习作。能对照评价标准修改自己的习作。

**课时安排：**

1 课时。

**教学过程：**

**板块一：创设真实情境，激发表达兴趣**

1. 课前准备：自我观察找特点。

（1）学生结合口语交际课《自我介绍》的学习内容，用关键词概括自己各个方面的特点，填写"人物卡片"。我的"自画像"：外貌特点，主要性格，最大的爱好和特长，其他情况。

（2）教师选取部分同学填写的内容，作为"猜猜'我'是谁"游戏的素材。

2. 开课游戏：联系生活猜一猜。同学们，口语交际课上，许多同学的自我介绍特点鲜明，给大家留下了深刻的印象。这节课，让我们先来做一个游戏——

猜猜"我"是谁。请看这些词语，猜猜这都是我们班的哪位同学。

依次出示：

（1）大脑门　热心肠　足球迷　游泳健将

（2）黑框眼镜　急脾气　科学迷　诗词达人

（3）高个子　假小子　动漫迷　投篮高手

（4）锅盖头　乐天派　掰手腕　小书法家

3. 小结：这几位同学用关键词概括出了自己的主要特点，所以大家很快就能猜出他（她）是谁。

（设计意图：设计习作活动时考虑本单元口语交际、习作学习要素之间的联系，相互结合，充分体现各板块的价值，提高学习效率。用游戏导入新课，引导学生调动多重感官观察并发现自己的特点，培养学生自我观察和素材筛选的能力。）

**板块二：明确习作要求，找准主要特点**

1. 自读习作要求，明确习作任务。

2. 交流习作要点，师点拨、总结。

预设1：习作的题目是"我的'自画像'"，介绍的目的是让新来的班主任更好地了解自己。

预设2：我们可以从外貌、主要性格、最大的爱好和特长等方面，把自己的特点写出来。

预设3：可以介绍自己的优点，也可以介绍自己的不足。

预设4：要用具体的事例来证明自己的特点。

预设5：写完之后要请家人或同学评价写得是否像。

3. 小结：我们不仅要从多个方面介绍自己的特点，还要通过具体事例来证明自己的性格或爱好，这样写出来的内容才会更真实、更丰富。

4. 找准主要特点，打开习作思路。

（1）在介绍自己的外貌、性格、爱好特点时，要有选择，注意抓住最主要的特点来写，不要面面俱到。

（2）结合课前填写的"人物卡片"，在小组内说说自己准备介绍哪几个突出特点。小组内评一评、议一议：这是不是他（她）的突出特点。

5. 根据小组成员的建议修改自己的"人物卡片"，教师巡视，个别指导。

（设计意图：培养学生正确审题的能力，明确写好"自画像"的基本要素。搭建起学生已有写作素材、经验与新的写作任务之间的桥梁，指导学生找准自己的主要特点，初步明确选材方向和写作思路，为接下来的习作实践做好准备。）

板块三：写好典型事例，凸显主要特点

1.围绕特点选事例。

（1）确定了自己最突出的特点，那么怎样选取事例，才能更好地突出自己的特点呢？我们一起来回顾一下三年级下册《身边那些有特点的人》的习作要领。如写"热心肠"的性格特点，你认为选取哪个事例最恰当，最有说服力？说说理由。

事例1：经常帮爸爸妈妈做家务。

事例2：搀扶一位意外摔伤的、素不相识的同学到学校。

事例3：给同桌讲数学题。

事例4：周末陪爷爷奶奶爬山。

（2）小结：第2个事例更特别，一般人做不到，更有代表性，更能突出热心肠的特点。

2.抓住言行写特点。

（1）出示佳作片段，自由读一读。

（2）交流：你从哪些描写感受到"我是个热心肠"？引导学生关注"跑过去、搀起来、伸出右手、扯下书包、拎在手里、挽着、扶着、一步一步挪"这些具体动作，以及恰当的语言描写。

（3）小结：一个人的性格、爱好与他的言行具有一致性。我们也要像小作者这样，使用细致的动作描写和恰当的语言描写，让自己的性格特点更鲜明。

3.完成习作片段。把你最想介绍给新班主任的性格特点写具体。

4.小组内互评。依据目标，相互评价：是否用具体的事例写出了性格特点？

5.推荐几位同学全班交流。生生互评，教师点评。

6.学生修改自己写的片段，把事例写得更具体，把人物的语言、动作写得更生动。

（设计意图：学生围绕特点筛选出典型事例之后，需要解决的问题是如何把事例写具体。对于中年级学生来说，描写事例往往比较笼统，人物的动作、语言描写得不够细致、贴切。基于这样的思考，引入学生佳作片段，有的放矢，搭建语言技巧的支架，突破语用难点，写有增量。）

**板块四：厘清习作思路，提升习作能力**

1.例文引路，厘清思路；从段到篇，落实要素。

（1）出示学生例文：

我叫赵东雨。我是四年级二班的语文课代表。我的长相很有特点，可以用"小"字来概括。小脸庞，小脑门，显得我很秀气；小眼小嘴，显得我很文静；小手小脚，显得我很温柔；再加上小小的个子，整个人看起来特别机灵。

每天早晨，当我系好红领巾，腰板挺直地在穿衣镜前一照，我都对自己满意至极，这一天都充满活力。我天生是个热心肠。不管是谁请我帮忙，我都鼎力相助，即便素不相识，我也毫不犹豫。

今年冬天的一个早晨，路面积了厚厚的一层冰。上学路上，一个高年级的大哥哥脚底一滑，整个身子狠狠地摔在了冰面上。路人行色匆匆，我连忙跑过去，用力将他拽起来，关切地询问他的伤势。我伸出右手从他背上扯下书包拎在手里，左手轻轻挽着他，让他试探着走几步。看到他没有大碍，我才放了心。就这样，我扶着他小心翼翼地在雪地中一步一步挪到学校。我把他送到学校卫生室抹了点活血的药，又叮嘱他说："哥哥，要是疼得厉害，就让你爸妈来接你吧……"

我最喜欢读书。每次进书店，我恨不得永远待在里面不出来；每次拿起一本好书，就恨不得一口气读完。有一次，我读《西游记》中"孙悟空大闹天宫"的故事时，读着读着便沉浸其中，不能自拔。我左手拿着书，右手捞起一把直尺当作金箍棒，随着情节的跌宕起伏，一会儿把"棒"一横，一会儿当头一劈，一会儿抡"棒"一扫……仿佛自己也变成了神通广大的齐天大圣。在我看来，书比任何鸡鸭鱼肉、生猛海鲜都有营养。老师评价我"想象力十分丰富"，同学说我"四字成语运用自如"，其实这些成绩都归功于读书。

小小巧巧，爱玩爱笑，能动能静，手不释卷——这就是不一样的我。

（2）交流：

你觉得小作者的写作顺序安排得合理吗？说说理由。

你关注到了小作者的哪个特点？说说理由。

预设1：写作顺序很恰当，先介绍自己的基本情况和外貌特点，再写主要性格和最大爱好，很有条理。

预设2：抓住"小"写外貌，特点鲜明；抓住言行写典型事例，把"我"爱玩会玩、是个热心肠和喜欢看书的特点写得很具体；突出了最大的爱好"读书"……

（3）小结：按照从外貌到性格，再到爱好的顺序介绍一个人，更符合我们的认知规律。介绍特点时，要抓住言行写好典型事例。

2.结合星级评价表和课上习得的方法，把习作写完整。

我的"自画像"星级评价表星级评价标准：

（1）语句通顺，无错别字。

（2）能从外貌、性格、爱好等多个角度介绍自己的特点。

（3）选取典型事例，突出表现自己的特点，给人留下深刻的印象。

（设计意图：把整篇习作例文用在学生练笔之后，用以对比、借鉴和提升。评价既考量学生是否运用了方法，又考量该方法是否运用得当。）

**板块五：交流欣赏，评价反馈**

1.根据星级评价表，小组中互评互改。

2.将修改好的习作贴于班级习作展示墙上，全班交流，评出班级习作之星。

# 第八节 "漫画老师"习作教学设计

**教学内容：**

部编版教材五年级上册习作二。

**教学目标：**

1.通过猜漫画人物，了解漫画的特点；借助圈画进行审题，明确习作要求。

2.借力学习支架，合作筛选习作重点，找准老师的特点；借助阅读资料，合作探究写法，把老师最突出的特点放大写，写出生趣。

3.知道漫画还蕴含道理，学会带着思考继续阅读漫画。

**课时安排：**

1课时。

**教学过程：**

**板块一：游戏导入，发现"漫画"**

1.通过猜课件中的漫画人物，游戏导入。

2.组织学生抢答。教师通过"你是怎么猜出来的"问题，相机引导学生关注人物最有特点的部位。

3.引导学生发现漫画的特点，教师相机梳理并板书：放大特点、写出生趣。

（设计意图：以猜漫画人物的小游戏导入，既引起了学生的兴趣，又引导学生关注到漫画的突出特性，聚焦习作重点，为后面的教学做好铺垫。）

板块二：圈画审题，吃透"漫画"

1. 出示习作课题，齐读，板书课题。

2. 指名交流：这个课题哪个地方吸引了你？相机引导学生关注"漫画"二字为什么加上了引号。引出"用文字去画"。课件出示习作要求，圈画示范。

3. 吃透"漫画"。引导学生思考："漫画老师"与"我的老师"有什么不同？学着老师的样子，默读习作要求，圈画出关键要求。

4. 指名交流，相机贴板书：找准特点，放大特点，写出生趣。

（设计意图：审题不够仔细往往是学生跑题或习作失分的一个要素。这一环节先示范，再自主圈画、发现要求，最后交流完善。环环相扣，扎实落实教学目标 1。不仅吃透习作要求，也为日后养成认真圈画、仔细审题的习惯打好基础。）

板块三：借力支架，合作选材

1. 借力预习支架，定向精准预习。课前，根据本课时目标，定向设置预习单，引导学生观察一位教师的多方面特点，并记录下来。

2. 筛选最突出的特点。引导学生拿出课前完成的预习单，组内交流，通过投票表决，选出教师最突出的特点，作为本篇习作的重点。

3. 各小组派代表交流，全班再次判断。

4. 将筛选出的最突出特点写在预习单上，作为本次习作的重点。

（设计意图：五年级的学生虽然已经具备小组合作探究的能力，可往往缺少合作的方向和目标。利用预习单的方式，搭建预习支架，引导学生从多个角度观察一位教师，记录其特点，再通过小组成员投票的形式，进行有效的筛选，从而合理选出教师最突出的特点，精准定位，确定文章的重点。）

板块四：试写片段，发现问题

1. 试写片段。根据选定的突出特点，在学习单上进行片段试写。

2. 交流。指名一位学生进行实物展示，其他同学评价。引导学生围绕黑板上的标准进行评价，教师边交流边用红笔进行圈画和修改示范。

3. 引导学生小结问题：特点抓得很准，可是没有突出漫画放大特点、有趣的特性。

（设计意图：学习的主体是学生，教学应以学生生成的现有问题加以展开，以学定教。试写环节让学生主动发现自己的问题，确定需要探究的难点，为后面的自主探究找准方向。）

板块五：读写联动，探究写法

1. 出示学习材料。

小组合作，速读下面的材料，选取一个，看看作者是怎样放大人物特点、把人物写有趣的。小组合作，用红笔画出精彩的句子，把方法提炼出来，写在空白处。

2. 小组合作探究，教师巡视，引导学生自主提炼写法。

3. 小组派代表交流，并派代表板书：夸张，比喻，象声词，对比……

4. 运用提炼的写法修改自己的段落。教师提示：请用上红笔，规范修改符号。小妙招就在黑板上，选择 1—2 个即可，忘了就看看黑板。

5. 1—2 名学生实物展示。引导学生以黑板上梳理的妙招为标准，进行评价。

6. 小组互评。

（设计意图：学生学习遇到困难，最好的方法就是授人以"渔"。针对学生亟待提高的难点，通过阅读材料的引领，再提供给学生一个学习支架，合作探究，自主发现写法。结合教师的适时点拨，内化为学生自己的写作"工具"，再进行修改时，学生就有了明确的修改方向，大大提高了片段的质量。读写联动，有效提高了学生的写作质量，有效落实了教学目标 2。）

# 第九节　"我最喜欢的人物形象"口语交际教学设计

**教学内容：**

部编版教材五年级上册口语交际八。

**教学目标：**

1. 能根据需要，搜集、整理、记录、修改自己喜欢的人物形象的相关信息。
2. 能分条讲述，把喜欢的理由说清楚。
3. 听别人介绍的时候，能抓住重点，并能做出恰当回应。

**课时安排：**

1 课时。

**教学过程：**

**板块一：创设真实场景，在任务驱动中完善交流内容**

1. 调动阅读体验，引出交际任务。

（1）导语：最近我们举办了有趣的读书节活动，了解了孔子、朱熹读书学习的秘籍，通过作品，回顾了冰心、叶文玲的读书经历。下面开始读书节活动的重头戏——举办读书交流会。我发现同学们在读冰心奶奶的《忆读书》时，对里面的人物特别感兴趣，大家还记得都有谁吗？

（2）学生回顾课文中的人物，教师出示关羽、诸葛亮、林冲、武松、鲁智深等人物的图片。

（3）引出任务：冰心奶奶把她喜爱的这些栩栩如生、个性鲜明的人物介绍给广大读者，让更多的人认识、了解、喜欢上他们，这就是阅读和分享的快乐。今天阅读交流会的主题是"我喜欢的人物形象"，我们也把自己喜爱的人物介绍给同学，一起来体验这种快乐吧。

2. 明确交流内容，梳理补充信息。

（1）提问：怎样介绍你喜欢的人物呢？预设：介绍人物的名字、出处、特点，喜欢的理由。

（2）展示交流：课前同学们已经搜集了相关信息，选择几位同学的进行展示。再让大家互相分享，互相补充。

（3）聚焦理由的梳理，提取介绍要点。

①从人物的特点入手，比如外形、性格、爱好、品质、特长等；还可以举一些典型、新颖、特别的事例。（板书：有特点、有事例）

②要分条梳理理由。理由不能重复，让大家了解人物形象的更多方面。（板书：有条理）

③选择的事例要典型，能说明理由，这样介绍的内容就能重点突出。（板书：有重点）

3. 修改交流内容：学生再次梳理信息，将理由相近的合并，补充新增加的理由，修改语句。

（设计意图：重点提示"喜欢的理由"可以是人物的特点、本领、典型事件等，确定从几个方面进行交流，分条列出。聚焦本次口语交际课的重点，逐渐明晰本课需要交流的内容。）

**板块二：明晰交际要点，在交流分享中提升推介能力**

1. 小小热身，独自练习，把握口语推介的要点。

（1）提出任务：通过认真梳理和修改，同学们心中最喜欢的那个人物一定越来越生动形象了。可是把自己喜欢的人物清楚明白地介绍给大家，也不是一件容易的事情。先让我们进行交流前的小热身。请同学们想一想：把文中表格里的内容变成一段有头有尾、有条理的话，有什么好办法？先自己练一练。

（2）学生独立思考，自主练习，教师巡视，发现典型。

（3）学生分享，互评，交流表达方法。

预设：

①面向全班同学介绍时，声音要洪亮，让所有同学都能听到。

②将表格里的内容说出来，需要补充一些过渡语言。比如开头加上"大家好！我最喜欢的人物是……"。中间可以加上"我之所以喜欢他（她），有三条理由……"，用"一、二、三"或者"首先、其次、最后"等连接词。分享结束时可以说："这就是我最喜欢的人物形象，希望你们也能喜欢他（她）。"

③语言要尽量做到简洁、连贯、流畅，要带着喜爱的情感去推介，只有把自己由衷的欣赏和赞美表达出来，才能够打动大家、吸引大家。（板书：有吸引力）

2. 小组互助，实战演练，强化交际重点。

（1）请学生在三人小组内介绍自己喜欢的人物，并在口语交际记录单上记下重点信息。温馨提醒：介绍的同学要做到有特点、有事例、有条理、有重点、有吸引力。倾听的同学要认真倾听，抓住重点内容，听完之后要用得体的语言提出疑问、建议或评价，表达自己的感受。

（2）组内同学轮流说，同学之间互相倾听、互相评价。

（设计意图：口语交际是听与说双方互动的过程。口语交际行为实际上是听与说双方合作的结果，是对自己和对方的言行不断监控调适的过程。教学中，教师应为学生搭建"听""说""交际""实践""评价"等平台，为师生交流、生生交流、师生评价、生生互评提供更有利的条件。）

| 姓名 | 介绍的效果 | | | 给我的建议 | |
|---|---|---|---|---|---|
| | 有特点有事例 | 有条理有重点 | 有吸引 | 建议要点 | 我的满意度 |
| | | | | | |
| | | | | | |

**板块三：开启全班交流模式，表达与分享的乐趣**

1. 组队分享，全班支招。

（1）提出任务：通过同学们独自练说、小组练说，相信你们一定可以越来越清楚、流畅地把自己喜欢的人物介绍出来了。现在请同学组队展示。大家一起来仔细倾听，看看他们的介绍能不能给大家留下深刻印象。怎样才能介绍得更好？大家一起来支招。

（2）学生展示。

（3）同学之间根据评价标准，互相评价，谈感受，提建议。也可以生发出新的评价感受，比如有声有色、幽默风趣等。

（4）介绍的同学可以再反馈一下同学们的评价是否抓住了重点，提出的建议是不是特别有道理。

2. 共同分享，体验乐趣。

（1）提出任务：我发现有的人物特别受欢迎，比如孙悟空、诸葛亮、哪吒、花木兰，有好几位同学都喜欢，真是英雄所见略同。相同的人物，喜欢的原因可能一样，也可能不一样，介绍的方式也不尽相同。我们先选几位喜欢孙悟空（可以根据自己班级的实际情况选择其他人物）的同学一起来分享，我们一起认真听，一定很有意思。

（2）2—3 名学生分享。（还可以根据学生的具体情况，创设不一样的讲述情境和对象，比如给家里的小妹妹讲，该怎样介绍；给爷爷奶奶讲，又该怎样介绍）

（3）教师相机指导学生评价，考查学生倾听的表现。

预设：

①都能分条、清楚地介绍喜欢孙悟空的理由，都举了很有意思的事例，比如大闹天宫、三打白骨精等。

②讲的重点不一样，有的突出了孙悟空的神通广大，有的突出了他敢于冒险的精神，有的突出了他的英雄气概。

③介绍对象不同，讲述的角度、内容、语气等也不一样。

（4）小结：这就是共同分享的快乐，了解别人的介绍内容，补充自己的独特感受，会让大家对人物有更加丰富的认识。通过几位同学的分享，我们也明白孙悟空为什么受欢迎了。给不同的人介绍，还要灵活调整内容、语气，让他们都能听得有滋有味。

（5）提出任务：还有一些人物只有一位同学喜欢，比如小王子。我们请这位独具慧眼的同学给大家做个介绍，看看这个人物有什么魅力。（也可以请同学主动上台展示）

（6）某个学生说，其他学生可以从有条理、有事例、有吸引力等方面进行评价。

（7）小结：《小王子》是一本需要多读几遍的书。小王子是一个需要慢慢走近的人。他的天真无邪，他对玫瑰花的爱，他的勇气，都让我们喜爱。

3.课后延伸，继续展开分享交流。

（1）总结：分享就是这么奇妙，把我们认为美好的人物介绍给大家，就是把真善美的种子种在大家心里。学会分享就是这么快乐，在清楚、有条理、有情感的分享中，我们重新认识了熟悉的人物，还认识了许多新的人物。"我喜欢的人物形象"交流会还没有结束，精彩将会继续。

（2）布置作业："我喜欢的人物形象"交流会的分会场开到了同学们的家里，请同学们把自己喜欢的人物形象介绍给家人。如果愿意，还可以录成小视频，上传到班级群里。活动课上，我们的交流会继续进行，最后还会评出班级"最受欢迎人物形象""讲述之星""最佳小听众""最佳建议奖"等奖项，为我们的交流会画上圆满的句号。

（设计意图：课堂上，教师教会学生交际的方法，引起学生对于表达的兴趣，但更重要的是，课堂是为生活服务的，要引领学生走入更广阔的"生活交流课堂"。口语交际课学到的本领，只有指向生活，为生活服务，才更有现实意义。）

# 第十节 "他＿＿＿＿了"习作教学设计

**教学内容：**

部编版教材五年级下册习作四。

**教学目标：**

1. 了解本次习作主题，把题目补充完整。

2. 通过一件事多角度写一个人，写清楚事情的前因后果，把这个人当时的表现写具体，反映出他的内心。

3. 对照批改要求，对不满意的地方进行修改。

**课时安排：**

1 课时。

**教学过程：**

**板块一：明确主题，引出话题**

1. 我们先来做一个"表情变变变"游戏。（出示"高兴、生气、委屈、陶醉、紧张"等词，让学生做相应表情。）生活中，每个人都有自己的喜怒哀乐。人物的动作、语言、神态往往伴随着丰富的内心活动。

（1）回顾一下本单元第 11 课《军神》中的一处描写：（出示）

病人微微一笑，说："沃克医生，你说我是军人，我就是军人吧。"

①这是人物的什么描写？（神态、语言）

②在什么情况下说的？（被曾经当过军医的沃克先生识破身份时说的）

③当时，刘伯承内心会怎么想？（"这位医生不简单，居然能看出我的军人身份，看来经验丰富，我就不和他辩争了吧。"）

（2）再来看《军神》中的这样一处描写：

病人一声不吭，他双手紧紧抓住身下的白床单，手背青筋暴起，汗如雨下。他越来越使劲，崭新的白床单居然被抓破了。

①这是人物的什么描写？（动作）

②联系下文"我一直在数你的刀数"，想象手术中的刘伯承可能出现的心理活动。（"死我都不怕，这点疼痛算得了什么？一刀，两刀，三刀……"）

③通过这样的内心活动，你感受到了什么？（作为军人，刘伯承不怕疼痛，具有钢铁一般的意志）

（3）小结：你看，人物的动作、语言、神态往往伴随着丰富的内心活动。通过人物的内心活动，我们可以看出他是一个什么样的人。

2. 今天，我们也来学习这种写法，留心观察，选择令你印象深刻的一件事，将事件中的人物的表现写具体。

出示课题：他＿＿＿＿＿＿＿了。

（设计意图：游戏的导入，调动起学生的兴趣。已学课文的引入，让学生知道"人物的动作、语言、神态往往伴随着丰富的内心活动"，从而引出本次习作的训练主题。）

**板块二：学会审题，习得方法**

1. 写什么：审题指导。

（1）先来读一读本次习作要求：（出示）

生活中，谁陶醉、生气、伤心……的样子让你印象深刻？把题目补充完整，如"他陶醉了""他生气了""他伤心了"。回想一下，当时发生了什么事？事情的前因后果是什么？把这件事写下来，特别要把这个人当时的表现写具体，反映出他的内心。

（2）画出里面的重点提示语。

（3）审题要点：

①这是一篇半命题作文，首先要把题目补充完整。

②在体裁方面，写一篇记叙文，写一件印象深刻的事，要交代事情的前因

后果。

③与以往作文要求不一样的是，特别要把这个人当时的样子写具体，反映出他的内心。

2.怎么写：寻找写法。

如何把人物当时的样子写具体呢？先来看一看书上提供的片段——（出示）

他的眼睛闪着奇异的光芒，……

（1）体会多角度写一个人。

①这段话写的是人的什么状态时的样子？（陶醉时的样子）

②这段话中，作者先写了人物的——神态。接着，作者写了人物的——语言。"站""凝望"是人物的——动作。文中"整个世界对他来说好像都消失了"，这是从侧面烘托出他的专注和与众不同。

③小结：作者从多个角度写了一个人陶醉时的样子。

（2）对比体会，如何写具体。

他的眼睛闪着光芒，面孔通红，嘴里说着什么。他听不见任何声音，站在那里，望着这座雕像……

①对比默读，有哪些不同？

②出示表格：

| 内容 | 多角度描写一个人 |
|------|------------------|
| 神态 | |
| 语言 | |
| 动作 | |

预设：

生：作者在写神态的时候，主要是抓住眼睛和面孔来写的，眼睛"闪着奇异的光芒""面孔因为激动而涨得通红"。

师：作者用了那么多修饰性的词语，观察多么仔细。这就叫细节描写。细节描写就是用具体形象的语言，把描述对象的情态具体地刻画出来。

生：语言描写是"太美了！真是太美了！"同样的意思不停地说，通过这样的细节描写，可以看出他内心的震撼。

生：动作描写是"他痴痴地站在那里，一动不动地凝望着这座雕像……"这里的细节描写是"痴痴地""一动不动地"，这里的"望"还不是一般的"望"，而是"凝望"。通过这些词语，让人感觉他完全被这座雕像吸引住了。

师：（小结）我们可以从多个角度写一个人的表现。例如，神态描写、动作描写、语言描写……写的时候要注意细节的刻画，适当地加入一些形容词，用上比喻、拟人等修辞方法，这样不但可以写具体，还能让人觉得真实、生动。

（设计意图："作文到手，无从下手"，是许多学生面临的困境。造成这一现象的主要原因是学生不会审题，不会从写作例文中提取关键的写作信息。这一环节的设计，旨在解决学生"写什么"和"怎么写"的问题。"写什么"教会学生如何审题，这是写作教学的第一步。"怎么写"主要引导学生如何从"多角度"和"写具体"两个方面写出一个人在特定状态下的表现。圈画、对比的过程就是思考的过程，帮助学生打开通往写作的那扇门。）

**板块三：学以致用，厘清思路**

1. 如何选材：

请试着从多种角度构思妈妈生气时的样子。

预设：

生：（神态描写）眼睛瞪得大大的，像一只凶猛的老虎，仿佛要把我吃了。

生：妈妈生气时的神态还可以这么写，怒发冲冠，两眼一睁，两团火焰向我袭来。

生：（动作描写）妈妈生气时有很多动作，一是双手抱臂看着我；二是单手叉腰，另一只手指着我；三是把桌子拍得"啪啪"直响。

生：（语言描写）生气时，语速快得惊人，像机关枪"哒哒哒"地向我扫射。

师：（小结）我们可以从神态、动作、语言等角度来描写妈妈生气时的样子。通过写"我"的感受"像一只凶猛的老虎，仿佛要把我吃了""两团火焰向我袭来""像机关枪'哒哒哒'地向我扫射"……形象地写出了妈妈生气时异乎寻常的样子。

2. 如何谋篇：

知道怎么写之后，请同学们静下心来想一想：你要写哪件事呢？画家作画之前，需要做到"胸有成竹"。我们写作文之前，也要做到心中有纲。要写好作文，写作提纲非常重要。先好好构思，然后尝试编写本次习作提纲。（出示习作提纲提示）

（1）你要写的"他"是谁？一般来说，是你熟悉的人。

（2）你要写他的什么事呢？事情的前因后果是什么？

（3）人物当时的样子是怎样的？你打算从哪几个角度来写呢？

（设计意图：学生知道了"写什么""怎么写"之后，如何把从书本中获得的知识转化为动笔写作的能力？创设练笔实践活动，引导学生将悟到的方法即时迁移到"妈妈生气了"这一片段练习中，促使学生将学到的写作知识直接内化为写作技能。本次习作的另一个要求是交代事情的"前因后果"。列提纲是一个很好的方法。提纲是文章的"骨架"。把这一"骨架"搭好，学生不但能够把握写作重点，而且写起来思路会清晰很多。）

**板块四：动手写作，自主评改**

1. 请根据自己刚才所列的提纲，开始你的写作之旅吧！为了让你写得具体生动，老师这里有几个小锦囊——（出示）

锦囊1：

（1）她难过了：她只是呆住了，手不停地颤抖，睫毛一怔。随后，又故作镇定，心却如刀绞一般，深深地叹了一口气。

（2）她后悔了：晶莹的泪珠，像断了线的珍珠，滚下面颊，她的内心如同喝了苦药一般。

（3）他生气了：他牙齿咬得"咯咯"作响，眼里闪着一股无法遏制的怒火，好似一头被激怒的狮子。

锦囊2：

（1）她高兴了：她一回首，蓦然间，风止树静，明眸一眨，笑靥如花。

（2）她害羞了：她的脸突然红了起来，如同雨后的桃花，继而低下头，双手不停地摆弄着衣襟，欲言又止。

（3）他陶醉了：他一动不动，凝神盯着书本，眼睛里发出的光像要把书里的什么东西抓出来似的。

2. 尝试写作，完成初稿。

3. 我们写好一篇文章，要多读多修改。好的文章词句，是作者反复推敲得来的，我们也要养成这样的好习惯。下面，请对照评价标准进行自主修改——（出示）

| 评价项目 | ☆☆☆ | ☆☆ | ☆ |
|---|---|---|---|
| 写一件事，交代了事情的前因后果。 | | | |
| 多角度（如语言、神态、动作等）刻画人物，表现出他的内心活动。 | | | |
| 关注细节描写，文章更具体、生动。 | | | |
| 书写认真，错别字少于3个，病句不多于2个，有修改的痕迹。 | | | |

4.完善习作，完成誊写。

（设计意图：课标建议，要重视引导学生在自我修改的过程中提高写作能力。操作时，教师首先制定本次习作的基本评价标准；然后选取有代表性的两到三篇习作，带领学生依据评价标准，共同展开评价；最后开展学生自我评价活动。对于小学生来说，学会自己修改文章，也是提高作文水平的重要途径之一。）

# 第十一节 "形形色色的人"习作教学设计

**教学内容：**

部编版教材五年级下册习作五。

**教学目标：**

1.学习运用本单元学过的描写人物的方法，具体地表现人物特点。

2.在习作指导之后，进行习作讲评，加深对描写人物基本方法的理解与运用，指导修改习作。

**课时安排：**

1课时。

**教学过程：**

**板块一：联系生活，切入主题**

1.谈话导入。

同学们，通过第五单元的学习，我们认识了（出示图片）争强好胜的小嘎子、强壮结实的祥子、视财如命的严监生、技艺高超的刷子李、天真可爱的容容、尽职尽责的小守门员，作者运用了多种方法把他们的特点刻画得淋漓尽致。那么，在生活中，你们遇到过什么样的人呢？请你以"____的____"格式尽可能地多写写你能想到的人。

2. 师生交流。

同学们，你们写了哪些人？你们也许写了熟悉的家人、老师、同学，也许写了只见过一面的陌生人。这些人年龄不同、职业不同、性格不同、特长不同，他们和我们一样，都是大千世界中形形色色的人。（板书课题：形形色色的人）今天就让我们一起走进第五单元的习作"形形色色的人"，学习运用本单元学到的描写人物的方法，把一个人的特点写具体。

（设计意图：开课伊始，在回忆课文后便引导学生联系生活，帮助学生打开习作思路，理解大千世界"形形色色的人"就是生活中不同年龄、不同职业身份、不同性格特点的人。）

**板块二：指导审题，选准事例**

1. 学习审题，明确要求。

我们先一起来读读书中第82页的习作要求。（出示习作要求，指名读）通过读题，你读到了哪些明确的要求？

（1）选择一个人写下来，运用本单元学过的描写人物的方法，具体地表现人物的特点。题目自拟。

（2）写的时候，要选取典型的事例。

（3）写完后，和同学交流，看看有没有具体地表现出人物的特点，再根据同学的意见进行修改。这也是我们本次习作学习的内容和要求。

2. 选定人物，选准事例。

（1）思考。选择一个人，选谁呢？有一个同学准备写他记忆力超群的叔叔，为此他仔细回忆了生活中与叔叔相处的细节，选取了4个事例。现在，我们根据习作要求，来帮他确定典型事例有哪些。

（2）交流。4个事例里，事例1和事例4对一般人来说比较难做到，能够充分说明叔叔记忆力比一般人强，可以认定为典型事例。事例2和事例3不能说明记忆力特别好，这就提示我们典型事例要突出人物特点。（板书：选取典型事例，突出人物特点）

（3）讨论。请同学们四人一小组开展讨论，从生活中寻找这次习作的对象，选取典型的事例表现他（她）们的特点，完成人物推荐卡。

| 人物推荐卡 | |
|---|---|
| 选定人物 | |
| 人物特点 | |
| 典型事例 | |

（4）师生评议。

有位同学要写的人物是"节俭的爷爷"，但是第一个事例"做菜总舍不得多放油"可不一定是节俭。所以我们在选取典型事例时，还要结合特定的情境，抓准人物的特点。（板书：结合具体情境）

还记得那个刷屋顶都不掉浆、专穿一身黑的刷子李和临死前还惦记着节省灯油视财如命的严监生吗？作者就是善于选取典型事例，结合具体情境把人物刻画得入木三分，让读者读后印象深刻。

下面请同学们在四人小组里交流评议自己的人物推荐卡，教师巡视。

（设计意图：指导学生认真审题，明确习作要求。同时指导学生如何选准典型事例，结合具体情形突出人物特点。）

**板块三：针对指导，强调方法**

1. 指导拟题。

一篇佳作离不开好的题目，老师这里有两组文题，请你们读一读，说说哪一组给人的印象更深刻。

第一组：《大作家》《邻居李阿姨》《手艺高超的爷爷》

第二组：《魔方高手》《我的"学霸"同桌》《风一样的她》

细读两组文题，第二组文题给人的印象更加深刻。这是因为第二组文题的语言更活泼，点明了人物的特点，指向性更强，能成功地激起读者阅读的兴趣。那么请同学们结合自己的人物推荐卡，想想怎样拟一个让人耳目一新的好题目。

2. 评改片段。

拟好了题目之后，让我们根据人物推荐卡中确定的人物和事例动笔写起来吧！瞧，有一位同学已经写好了一个小片段。

**"开心果"妹妹（节选）**

那天下午，我们三个放学回家。……

师生交流。这个同学的习作写得怎么样？从小作者的题目中，我们就知道她是要写一个可爱的妹妹，这个题目不错。可人物的特点还不够突出，事例不够具体。这是什么原因呢？都说好作文是改出来的，小丁同学认真思考后，经过了一番修改，我们再一起来看看修改后的片段有什么不一样的地方。

## "开心果"妹妹（修改后）

那天下午，我们三个放学回家。我和姐姐刚坐下正准备做作业，妹妹突然高举着双手，抬起头得意地说着："欢迎各位来到我的个人舞蹈展示秀现场，表演即将开始，掌声响起来。"说罢，还学着明星的样子伸出手掌上下摆动，示意我们鼓掌。得到掌声后，她晃晃悠悠踮起脚尖，一本正经地转起圈来。刚开始转圈还能保持微笑，转了个几圈后，速度越来越慢，手脚已经完全不配合啦。突然整个人栽下来，摔了个大马趴。我们刚想伸手去扶她，她却一手扶着屁股，一手撑着地面，憋着眼泪、咬着嘴唇说："这是我的收尾动作，惊喜不惊喜。"看她的样子再听她说这些话，我们笑得眼泪都出来了。

师生交流。对比两个片段，相较于之前，修改后的习作作者加入了大量的动作和神态描写，人物描写方法的运用更多样，呈现出一个动态的人物，仿佛妹妹就在我们的身边"手舞足蹈"，令人忍俊不禁。

师小结：仔细回忆前面学过的课文和习作例文，不难发现，写好一个人物离不开典型事例和具体情境，还要运用好外貌描写、语言描写、动作描写、心理活动描写等方法。（相机板书：用好人物描写方法）

（设计意图：这一板块主要是有针对性地指导如何拟题，让学生了解怎样的题目才能吸引人，才能激起读者的阅读兴趣。片段指导再一次提醒学生在刻画人物时，有必要加上动作、外貌、语言、心理活动的描写，为文章增色。）

**板块四：习作讲评，交流互评**

1.现场练写。

请同学们尝试自己写一写，写完之后可以和同学交流，看看有没有具体表现出人物的特点。（动笔练写。出示学生例文）

2.讲评习作。

（1）呈现习作，讨论交流。

# "煎包大王"李爷爷

　　卖煎包的李爷爷头发花白，胡子拉碴，看样子很随意，煎包却做得特别好吃。他家的包子色泽金黄，汤汁饱满，尤其是那面皮煎得又脆又香，十米开外就能闻到那股香味，所以大家都喊他"煎包大王"。李爷爷的铺子不大，大煎锅就摆在门口。每次刚要开始做煎包，人们便凑热闹围观。李爷爷见怪不怪，每次都是头也不抬，只专注地看着自己的那口大锅。他先是把包子一个个整齐摆放好，然后一手抓着锅边沿快速地转动起来，手里的那口大锅就像个方向盘似的，随着他的力道快速转动。为了让煎包均匀受热，制作期间，李爷爷总要掀开几次锅盖，浇上汤汁。每次掀开锅盖，他一只手拿着汤碗浇汁儿，另一只手利落地铲起一排包子翻面，两只手配合得极好。别看一锅包子几十个，他却三下五除二就翻完了。大家被香味馋得不行，刚探头想看看锅里的包子熟没熟，只听"啪"的一声锅盖又被他盖住了。下一次起锅时，李爷爷先是抓起一把香葱大手一挥，葱花均匀地落在了包子上，接着只见那拳头一张一合，黑芝麻也落在了包子上，锅里不仅好看得很，香味也是让人受不了。每次排队人多时，总有人嚷嚷："李师傅，熟了，熟了，快起锅呀！"他却不客气地吼道："急什么急，每锅时间都一样，我心里不比你有数？"有好事者曾经算了算，还真的是每锅包子制作时间都一样，一分不多一分不少。所以，李爷爷这"煎包大王"的名气也是越来越大，慕名而来的食客们可真是把包子店的门槛都踏平了呢！

　　读完习作，你是不是也想去尝尝李爷爷家的包子？小鞠同学写得好不好？好在哪里？（学生自由评议）

　　（2）教师小结，梳理亮点。

　　首先小作者拟定的题目就点明了人物特点。通过细心观察，抓住了李爷爷一系列的动作进行了细致入微的描写，让我们看到了一个煎包师傅熟练的技艺。语言描写也符合人物身份、年龄，突出了李爷爷对自己煎包手艺的自信。最难得的是，还通过描写周围人的反应，凸显了"煎包大王"的手艺高超，令人垂涎欲滴，给读者留下了深刻印象，是一篇难得的佳作。

　　（3）提出标准，自主修改。

　　老师这里有一份习作评价标准表（见下表），请同学们结合自己的习作进行自评。也可以和同伴交流，看看有没有具体地表现出人物的特点，再根据同伴的意见进行修改。

| 评价内容 | 评价标准 |
|---|---|
| 1.文题出彩，语言表达活泼有趣。 | ☆☆☆ |
| 2.事例典型，能够突出人物特点。 | ☆☆☆ |
| 3.方法多样，细节描写具体生动。 | ☆☆☆ |
| 6颗星以上——优秀；4—5颗星——良好；<br>3颗星——合格；3颗星以下——加油；<br>我一共获得了（　　）颗星！ | |

师总结：老舍先生说："我写作中有一个窍门，一个东西写完了，一定要再念再念再念，念给别人听，看念得顺不顺？准确不？别扭不？逻辑性强不？"请同学们课后用这样的方法认真修改，要相信，好文章一定是不厌其改的。

（设计意图：好文章是修改出来的，重视习作的评价与修改可以提高学生的习作能力，使本单元学到的写人的基本方法更加深入学生的心，并让学生能灵活合理地运用。）

# 第十二节 "有你，真好"习作教学设计

**教学内容：**

部编版教材六年级上册习作八。

**教学目标：**

1. 根据习作命题"有你，真好"引导学生选择生活中美好的、令人感动的事例，学习生动具体的表述。

2. 学习叙事过程中融入自己情感的方式方法，并运用在自己的习作中。

**课时安排：**

1课时。

**教学过程：**

**板块一：歌曲导入，唤起回忆**

1. 播放歌曲《你笑起来真好看》："想去远方的山川，想去海边看海鸥，不管风雨有多少，有你就足够。"（师唱或吟诵）在你的脑海中，有没有这样一个人，只要想起他（她），所有的烦恼、所有的忧愁统统都不见，嘴角会情不自禁微微翘起；他（她）像春天的花儿一样，又像夏天的阳光，让你感觉整个世界、全部的时光美得像画卷。

2. 如果让你用一个词语去形容他（她），你会用哪一个词语呢？（请两三名同学回答）

他们或是慈爱温柔的母亲，志同道合的朋友，循循善诱的老师，路上偶遇的一名默默无闻的清洁工……这一路走来，因为有他们的陪伴，让我们由衷地发出感叹：有你，真好！（板书课题）

那么，随之而来的，你的脑海中又会出现什么样的场景、什么样的事情，和那个让你感觉"真好"的人联系在一起呢？

（设计意图：在选择习作材料方面，教师应将学习主动权还给学生。歌曲能唤醒美好的感情，在此基础上，引导学生充分调动回忆，使脑海中浮现的人和事清晰起来，提供众多的写作素材以供选择。）

**板块二：默默回忆，交流"真好"**

1. 自我思考，回忆"真好"。

（1）看到"有你，真好"这句话，你想到了谁？

（2）为什么觉得有他（她）"真好"？

（3）哪件事或哪几件事让你感触比较深？

（4）当时的场景是怎样的？

（设计意图：引导学生结合问题，主动积极地回忆相关人和事，为后面的小组交流和全班交流做准备。）

2. 学习方法，选择"真好"。

（1）交流指导：

《我的伯父鲁迅先生》给我们的启示：谈《水浒》、笑谈"碰壁"、救助车夫、关心女佣这四件小事，都紧紧地围绕鲁迅先生"为自己想得少，为别人想得多"这个中心进行选材。

作者选取这四件小事，让鲁迅先生的形象更集中、更高大、更感人。中心思想是一篇文章的灵魂，只有围绕中心选择材料才能更有力地点明中心。

（2）听完老师的介绍，你有什么收获，填写一下。我的收获：

①_____

②_____

③_____

……

学情预设：

①文章要确定一个中心内容。

②根据中心内容选取材料。

③所选取的材料要为表现中心服务。

（设计意图：通过温习学过的课文，回顾学到的选材方法和写作技巧，帮助学生厘清思路，确定习作的中心，学会围绕中心选择材料。）

（3）我的思考：

请将你所要表达的中心和所选的材料要点写在下面：

中心：

材料：①_____②_____③_____

学情预设：

中心：家有小妹，真好。

材料：①糖葫芦和炸鸡事件。②遥控器事件。③取快递事件。④玩玩具事件。

3.小组交流，完善"真好"。

出示小组合作提示：

（1）认真阅读，认真思考：对方是否围绕所要表达的中心思想来选择材料？所选材料是否能突出表现所要表达的中心思想？

（2）如果让你提建议，你觉得对方所选材料哪一个或哪些应该详写？哪一个或者哪些应该略写？

（3）如果可以，请在白纸上画出"思考"流程图。

学情预设：

中心：家有小妹，真好。

材料：①糖葫芦和炸鸡事件。（详写）②遥控器事件。（详写）③取快递事件。（略写）④玩玩具事件。（略写）

4.全班交流，沟通"真好"。

教师相机引导学生体验和总结，在交流和探究的过程中习得方法：

选材：

一新：选材要新颖。

二真：选亲身经历的。

三小：以小见大。

四精：只选具体的。

五趣：只选有趣的。

探究：

如果选择朴实的材料，我们该怎么写出新意来呢？

（设计意图：课堂上需要沟通和交流。学生在此过程中互通有无，互帮互助，互启互发，从整体上把握写作框架，从事件中探究和运用选材方法，从而厘清自己所要写的文章的脉络。在学生有所感的基础上，组织多种形式的交流，让学生表达，让学生思考，考查了学生的概括能力，真正开展语言交流的实践和思维能力的训练。）

**板块三：感受品悟，表达"真好"**

1.很多同学已经关注了本单元的学习要点——"通过事情写一个人，表达出自己的情感"。在"有你，真好"这个题目中，其实就蕴含着情感，你发现了吗？我们选择的写作材料也在表达这种情感。现在，我们结合《少年闰土》这一课，来看看作者鲁迅是如何在字里行间表达情感的。

（1）回忆闰土，感受"真好"。闰土通过看瓜刺猹、雪地捕鸟、海边拾贝、潮汛观鱼四件事开阔了"我"的视野。字里行间，我们都能感受到"我"和闰土之间最纯洁真诚的友情，"我"对闰土的最真挚的喜爱佩服之情，"我"对闰土深深的留恋和思念之情，更是"我"对自由幸福生活的向往追求之情。

（2）提炼方法，总结"真好"。

找出你感兴趣的部分，说说自己的感受和发现吧。

①_____

②_____

③_____

2.学生交流，点拨"真好"。

学生交流总结自己的感受和发现，教师相机点拨。

（1）把事情写具体，通过语言、动作、心理、表情等传情。

（2）想象着他（她）就在眼前，你在用文字和他（她）对话，带着感情写，字里行间融入自己的感情。

（3）叙事完毕之后直接抒发感情或者发表议论，直截了当地把内心强烈的情感抒发、表达出来。

例文分享：

还记得那次吗？爸爸给你买了糖葫芦，给我买了炸鸡。你怎么都不愿意和我分享。那我索性也不分给你了，我拎着炸鸡一溜烟窜到屋里去，自顾自地吃了起来。最后，还是年幼的你打破了僵局。你拿着糖葫芦摇摇晃晃地走过来，主动把糖葫芦举起来，嘴里还大声喊着："姐姐，给你吃！姐姐，给你吃！"我看着你清澈透明的眸子，那里映照出我的自私、计较，还有羞愧……是你，让我学会了宽容，懂得了分享！

文中"我"的动作和妹妹的动作形成了鲜明对比，再加上妹妹无私分享的话语，怎能不让文中的"我"内心受到触动。

（设计意图：让学生通过与文本对话，与作者对话，品味语言，体验情感，自主感悟，在此基础上，教师的点拨和总结水到渠成，学生的领悟和习作也找到了情感抒发的方向和方法。）

3.精选事例，表达"真好"。

"真好"是一种人生体验，是一种心灵的舒展，是一种幸福的感觉，写的时候可以抓住那些在你最伤心、最无奈、最无助……的时候，别人开导了你，温暖了你，帮助了你……的情形，雪中送炭最难得。我们还可以选择感触最深的一件或者几件事情来表现他（她）的好，不要忘记加入抒情和议论，让平凡的事情具有打动人心的力量，具有更深刻的意义。在叙事时，可以加入适当而恰当的动作、语言、表情等具体的描写来再现事件发生的情景，带领读者入情入境地去感受文中他（她）的好。

你精心选择的事例：

（1）＿＿＿＿＿＿＿＿＿＿＿＿＿＿＿＿＿＿＿＿＿＿＿＿＿＿＿＿

（2）＿＿＿＿＿＿＿＿＿＿＿＿＿＿＿＿＿＿＿＿＿＿＿＿＿＿＿＿

（3）＿＿＿＿＿＿＿＿＿＿＿＿＿＿＿＿＿＿＿＿＿＿＿＿＿＿＿＿

其中，准备详写的是：＿＿＿＿＿＿＿＿，是因为＿＿＿＿＿＿＿＿。

准备略写的是：＿＿＿＿＿＿＿＿，是因为＿＿＿＿＿＿＿＿。准备删除的是：＿＿＿＿＿＿＿＿，是因为＿＿＿＿＿＿＿＿。

学情预设：

中心：家有小妹，真好。

材料：①糖葫芦和炸鸡事件。（详写）②遥控器事件。（略写）③取快递事件。（略写）④玩玩具事件。（删除）（遥控器事件略写，是因为在糖葫芦和炸鸡这一事件中妹妹的宽容、分享为遥控器事件奠定了基础，遥控器事件是糖葫芦和炸鸡这一事件的延续。玩玩具事件删除，原因是和遥控器事件一样，表达的都是妹妹的主动礼让，题材重复。）

4.独立习作，表达"真好"。

拿起笔，表达你真挚的情感吧！写的时候可以假想这个他（她）就在眼前，你在用文字和他（她）对话。写完后读一读，看看是不是把事情写具体了，是不是融入了自己的情感。如果有可能，把这篇习作与文中的"你"分享。

（设计意图：引导学生联系自己的生活经历，通过指导交流，让学生进一步精心选择生活中美好的、令人感动的事例，学习生动具体的表述，学习叙事过程中融入自己的情感的方式方法，并运用在自己的习作中，感受来自生活、来自心灵的感悟。激发学生在今后的写作中表现语言的魅力，提高学生的语言表达能力。）

第三章

# 生活作文的创新视域
## ——美拍美文

# 第一节　"美拍"，生活作文教学的新引擎

## 一、"瞬间美拍"积累儿童写作的素材

"问渠那得清如许，为有源头活水来。"写作的素材源于儿童的日常学习和生活，来自他们周围的亲身世界。在社会、学校、家庭生活中，教师引导学生留心观察周围的事物，细心地发现身边的事情，了解身边的人物，这样学生可以从平常人、平常事中感悟到不平常，也可以从司空见惯的人和物中找出一些心动的东西，养成多观察、多倾听、多思考、多提问的习惯，随时采撷作文素材。

建湖县实验小学在研究"生活作文"的教学中，注重把学生的目光引向自然生活、学校生活、家庭生活、社会生活，指导学生做积累素材的有心人。通过"瞬间美拍"记录观察生活的素材，激发起学生观察生活的"兴奋点"，充分激发了学生的写作兴趣和动力，学生想写、乐写，写出了乐趣、自信。

## 二、"瞬间美拍"构建生活作文教学的桥梁

近年来，建湖县实验小学提出将生活作文教学与"瞬间美拍"有机融合，目的是让"瞬间美拍"服务于生活作文教学，让学生亲身经历、自我体验、乐于表达。

### （一）丰满创意表达的内容

儿童习作的最大愉悦感就是用自己愿意的表达方式，写自己愿意写的内容。

在生活中，他们可以围绕某一主题，自主选择观察内容；可以随机拍摄让自己心动、情动的一幕幕；可以走进大自然，寻找并用相机记录生活中的事、人……再给照片配上简单的文字说明。文字有一定的选择性，画外音、儿童诗、一小段话等，他们选择自己喜欢的方式去表达、去创意。

### （二）创设多彩的网络世界

现代社会中五花八门的网络资源和虚拟游戏让部分小学生沉迷其中。我们在日常生活作文教学中融入"瞬间美拍"，通过校园网站开辟出美拍专栏，上传孩子们拍下的一个个生活镜头、美拍故事。一张张美丽可爱的照片、一段段诗一般的文字简介和心灵感悟，记录着孩子们生活中的点点滴滴，承载着孩子们成长的梦想，印证了他们的幸福足迹。激发着孩子们对学校、对家乡、对生活的热爱，孩子们自由表达、互相欣赏、跟帖留言已成为常态。

### （三）生发绘本故事的创写

细心观察生活美拍的照片给予学生丰富的画面；细致揣摩意会后形成的文字说明是学生对画面的阐释。这样的阐释就等同于学生习作——回想生活的场景，再现生活的画面，将生活中趣事的来龙去脉叙述清楚，并且关注事情的高潮与细节，用文字叙写出"美拍"的故事，形成图文并茂的生活故事绘本。这里列举了一年级学生的一篇习作《叠衣服》：亲爱的爸爸，您辛苦了！清晨叫我起床，傍晚载我回家。亲爱的爸爸，女儿已经长大了。今天让我为您叠衣服，表达我对您深深的爱意！

当他们有了这份"美拍"意识，写作教学才会真正向生活走进，才会更接地气。因此，"美拍"意识给习作教学提供了接触生活的契机。学生爱好"美拍"，他们对自己成为"美拍"小能手有着极大的兴趣与信心。

## 三、"瞬间美拍"拓展习作训练的"新引擎"

联结理论强调语言知识和现实世界知识的相互作用。但要实现写作与生活的交互融合，需要一些可操作性强、易被学生接受的活动为载体来帮助他们积累、体验，形成自然表达的写作技能。

### （一）与传统节日相结合

站在儿童的立场，将"瞬间美拍"与孩子丰富多彩的假日生活联结，才能真正丰富孩子的习作表达。例如去年寒假中，学校通过微信公众平台开展"快乐春节，美拍瞬间"综合实践活动，家长加入学校微信公众平台，学校倡议家长和孩子随手拍、随手发，记录假期生活中温馨、感人的画面。老师选择一些作品在平台刊登。活动在家长和同学之间产生了较大的影响，每天都能接到许多家长、孩子的互动信息。

### （二）与习作训练相联结

根据教材内容中提出的训练要求，有效指导学生"美拍"生活中的人和事，帮助他们将已知信息和未知信息联结，进而积累习作经验，提升习作素养。如新苏教版四年级语文下册第五单元训练要求：植物王国里有无穷的奥妙。请选择一两种植物，仔细观察，认真研究，然后把你的发现和研究成果写下来。老师可以在课前根据这一习作目的，带领班级学生到自己校园或大自然中观察一两种植物，并把观察到的植物的特点和变化"美拍"下来。然后再指导学生运用学过的表达方法，用生动形象的语言描述图片，并配上"美拍"的图片，这样就把生活中的故事生动具体、图文并茂地描述出来。

### （三）与言语训练相关联

教师指导儿童运用学过的方法进行言语表达方面的训练，从而达到"瞬间美拍"与言语训练相联结。例如，指导小学四年级孩子写好人物的外貌、语言、神态、动作，并突出对话描写，尽可能地将人物对话写生动。写好人物外貌、对话、神态、动作要掌握的要素很多，教师一味地告知学生，显然不符合儿童的认知规律。我们将写人的方法融入"美拍"课程中，让学生在家里设置几个人对话的场景，引导学生先用"瞬间美拍"的方式记录人物的外貌、说话时的动作、神情，然后引导学生根据"美拍"的画面，说说人物的长相，想象人物的对话，根据人物的动作、表情加上提示语。这样的言语训练呈递进趋势，符合习作指导的规律。儿童在有趣的氛围中逐步把人物的故事写得具体形象。

"瞬间美拍"以独特的方式记录儿童的生活故事，在教学中关注儿童的生长特点和认知规律，在激发儿童兴趣的基础上，帮助儿童用镜头记录瞬间，用文字书写温暖。

# 第二节 "美拍美文",生活作文教学的新视域

## 一、课程内驱:提供"两大"动力引擎

"美拍"为学生的习作提供了外显的真实内容,但推动学生习作水平提升的真正内驱力,是激发学生快乐走向书面语言表达的内隐动力——习作语境;是助力学生言语持续发展的丰厚积淀——习作知识。

### (一)习作语境:习作过程的"真实"

"美拍美文"习作课程让涵化生活作文的教学由习作内容的真实迈向习作过程的真实,学生在真实的语境中习得语言知识,获得真实的语言运用能力。其主要由目的、作者、读者三个要素组成。

1. 真实的目的,解决"为何"而作

就是学生准备通过这次习作解决了什么问题,达到什么目的。习作"目的"是每一次习作教学的动力源泉,是每一位学生习作的价值追求。让学生树立强烈的"目的"意识,是让学生知道每次"美拍"习作都是"特定习作",是为达成自身某种"目的"而进行的。

2. 真实的作者,解决"为己"而作

就是学生在习作中根据需要以什么样的角色进入语境。可以是真实身份,也可以是虚拟身份;可以是现实人物,也可以是童话人物。习作是作者自我交流和情感抒发的实际需要。

3.真实的读者，解决"为谁"而作

就是学生作为作者，他的这篇习作是写给谁看的。"每个写作的人都是写给某人看或为某人而写"。读者可以是自己，也可以是别人。在"美拍"习作的伊始就引导学生确定真实或者虚拟的读者。"读者"意识将学生从"个人习作"转向"读者习作"，从"文章习作"转向"交际习作"。

### （二）习作知识：习作过程的"得识"

"美拍美文"习作课程体系参考涵化生活作文课程中已经开发的各年级知识框架体系，让每一次习作知识面向语用中心，走向具体明确。

1.搭建阶梯，前后贯通

"美拍美文"习作课程试图改变"语文课程和教学就在几小点知识里来回倒腾……而且将这种低水平的烦琐重复"这种含糊的习作知识教学现状。在年级之间找到学生现有水平的最近发展区，搭建层层递进的知识阶梯，每次习作训练既相对独立，又互为基础。

2.单项训练，个性发展

知识阶梯建构了各年级、各习作内容不同层次的习作知识框架结构。但是学生对比喻、拟人、夸张、排比、设问等修辞手法掌握的程度各不相同，"美拍美文"习作过程中关注不同学生的习作水平，利用现有的全国微课资源对学生进行单项训练。分解式的单项训练和之前的框架式综合训练统整起来，成为提升学生习作知识水平的奠基石。

3.一课一得，步步为营

无论是分解式的单项训练，还是框架式综合训练，每次"美拍"习作训练的教学目标和教学内容，是教师的一课一练，是学生的一练一得。每次习作知识到底是什么，其教学价值是什么，各年级应该教到什么程度，教师对照学校已经开发出的涵化生活作文精准知识体系和《小学语文教学内容指要——写话·习作》知识体系合理借鉴，让学生每次习作课都有新鲜适切的成就感。

## 二、课程目标：指向"三大"价值追求

"美拍美文"习作课程的开发面向儿童自己的生活，记录童年成长轨迹；立足丰富的活动，放飞童真的天性，改善儿童的言语素养。

1. 面向儿童生活，记载童年历史

儿童是习作的主体，"美拍美文"习作课程的开发基于儿童鲜活的生活，扎根现在的生活，改善未来的生活，记录童年的历史。让他们拿起的笔，写出精彩纷呈的见闻，凸显他们多种多样的兴趣。"美拍美文"习作承载着儿童成长的印记，使儿童成长化为"美拍美文"习作集。

2. 立足丰富活动，放飞童真天性

"美拍美文"的许多内容是儿童游戏与活动过程中精彩瞬间的定格，在习作教学中再现这些内容时，学生就会置身在活动的情境中，每次习作都处于体验生命活动的状态。通过"美拍美文"为学生和习作教学搭建起一个体验真实生活的平台，通过"美拍美文"在师生和家长之间、社会和家长之间构建起一个和谐共生的习作生活世界。

3. 改变儿童言语，提升童话素养

"美拍美文"习作课程终极目的是提升学生的言语素养，"美拍美文"习作课程和学校已经开发出的生活作文知识体系、《小学语文教学内容指要——写话·习作》知识体系相结合，研发出能分阶段转化学生写作能力和素养的框架训练体系，让每次习作都能螺旋式提升学生的学力，达到全面提升学生言语素养的真正效果。

## 三、课程内容：构建"四种"习作类型

"美拍美文"习作课程将儿童自身作为习作内容来开发，他们的活动、实践、节日等都是习作教学取之不尽、用之不竭的课程资源，通过"美拍"唤醒童年的丰富素材，搭建鲜活的习作课程类型，使学生在各类课程的听说读写过程中提升了语文素养。

1. 活动类习作类型

教师有意识地在校内组织活动，用手机拍摄活动照片后上传到班级的微信群里，让学生回家后向父母介绍活动内容。这样不仅加强了家校联系，更是为学生积累了较典型的写作材料。比如，组织学生举办主题队会，增强学生的表现意识，展示学生的聪明才智，提高学生的表达能力，激起学生的表达欲望，使学生产生习作兴趣。

2. 实践类习作类型

学生在校外实践过程中用手机或相机记录了他们难忘的体验生活。在学校精心打造的"生命践旅"综合实践活动品牌项目中，孩子到部分乡镇中心小学开展"守望乡村童年"活动，让孩子踏土路，嗅谷香，亲自然。让孩子扒泥土，支锅架，自做菜，大呼小叫，过一把活生生的野炊瘾；让孩子敲起锣鼓、唱起歌，围着熊熊篝火狂欢狂舞；让孩子在黑色天幕下看露天电影；让孩子干农家活，谈农家事，感悟农民善良心地，赞美农民的淳朴……一张张照片记载的是童年的记忆，一篇篇充满童趣的习作就在孩子笔下自然流淌而出。

3. 节日类习作类型

学生在传统节日中的美拍，既丰富了内心世界，又提高了言语素养。将学生引向用童眼看世界，写出他们自己眼里的世界。在春节、中秋节等传统节日里用即时"美拍"采集生活中精彩内容，将"美拍美文"上传到家长手机 APP 的"美篇"中，发在班级的微信群中进行共享交流，再结合他们的认知循序渐进地进行作后讲评，达到事半功倍的效果。把"美拍美文"与多姿多彩的节日生活联姻，为儿童开辟了丰富多彩的习作阵地。

4. 交际类习作课程

教师通过创设真实的交际语境（目的、作者、读者），让学生用"美拍美文"解决生活和学习中的各种事务，让学生认识到作文是有用的。例如，教师用"美拍"记录班级中留守儿童在校园里的学习片段并发在班级微信群里，让学生通过书信向家长汇报他们在学校的学习生活。到外地支教的老师、赛课的教师建立友谊班级，通过"美拍美文"进行交流学习……

"美拍美文"丰富了涵化生活作文的教学，教师在"美拍美文"中关注儿童各学段的认知特点，辅助儿童用即时"美拍"的方式适时进行习作训练。学生在"美拍美文"中留下童年快乐的习作成长烙印，提升了感悟生活和言语表达水平。

# 第三节　美拍美文实践——欢度春节

**习作内容：**

欢度春节。

**习作目标：**

1. 了解春节的习俗，传承传统节日的文化。

2. 拍出春节中最美的瞬间，同时能将它有条理地叙述出来。

3. 体会祖国日新月异的变化，增强民族自豪感。

**习作案例：**

## 扫年货

柏钰

今天，是腊月二十三，明天就是小年了。天一亮妈妈就催我起床，让我陪她一起去超市扫年货。听说扫年货，我高兴极了，有好吃的了！我赶紧起床洗漱，吃完早饭陪妈妈去超市。

超市真的好热闹，人山人海，比平时热闹许多。每个人的超市手推车都是满满的，有各式各样的年货，糖果、饮料、牛奶、水果、春联……"不能再发呆了，赶紧去扫年货！"妈妈把我从嘈杂声中惊醒，我赶紧找了一个手推车。

我们先去百货区把过年需要增添和更换的东西买好，然后去食品区。哇！

过年扫年货

食品区里全都是人，就差把人挤成一团了。"牛奶春节促销啦！"只见他拿一盒，你拿两盒的。妈妈说："现在人生活条件多好，日子过得多幸福，几十年前想买这些东西根本想都不敢想，有鱼肉过年就不错了。"看到这些，我不禁想起外曾祖父讲的一句话："我们今天的幸福生活都要感谢中国共产党！"我和妈妈也买了牛奶送给外曾祖父，让他老人家也感受到幸福。

在回家的路上我想了很多，因为祖国的强大，才换来了人民的幸福。所以我要好好学习，将来更好地建设国家，把我们的国家变得更强大，让我们的生活过得更美好！

**精彩点评：**

小作者柏钰是一位充满自信、乐观向上、热爱生活的阳光女孩，"做最好的自己"是她的座右铭。她热爱生活，热爱学习，喜欢旅游，喜欢读书，更喜欢写作。每每读到她的文章，质朴中不缺华丽，率真中不乏真情。

这篇习作，小作者能紧贴习作目标，文从字顺，有条理地把扫年货的过程完整地表达出来。按照时间的变化，地点的转换把文章有序地串编起来，同时运用人物的语言、动作、心理等描写，表达出作者内心的激动、欣喜以及报效祖国的决心。

从文题中就能得知文章的中心"置办年货"，一个"扫"字，韵味独特，既写出了买年货的数量之多，又突出作者内心的愉悦之感。

文章首先交代了事情发生的时间，从时间上知道了中国传统节日春节中的小年。第二句，作者运用了开门见山的写法，照应了文题，点明了中心。"赶紧"一词，突出了作者买年货、吃年货的迫不及待的心情，调皮可爱之感跃然纸上。

第二自然段，作者概括描写了超市人山人海、热闹非凡的景象。"满满的"一词写出了人们满载而归的快乐之感，也写出了祖国日益强大给人们带来的幸福之感。

如果说第二自然段是"面"，是概括描写，那第三自然段则是"点"，是具体描写。这一段中有人物的语言，有人物的动作，更有人物的心理，侧重描述了我和妈妈在食品区买牛奶的场景。同时运用对比，以前办年货，除了肉就是鱼，而现在办年货，各种物品应有尽有，写出了祖国日新月异的变化。"我和妈妈也买了牛奶送给外曾祖父，让他老人家也感受到幸福。"这一句道出了我们中华民族孝亲敬长的传统美德。

文末是作者的联想，这一切一切的幸福生活离不开中国共产党的领导，离不开祖国的日益强盛。由此引发了小作者刻苦努力，勤奋学习，建设祖国，报效祖国的决心，意味深长，意义深远。

针对这篇习作，还有一丝遗憾。这是美拍美文，美好的瞬间，美好的画面还可以再拍一两张，作者摄取的画面是自己购满一车物品的画面，这很好，这是一个"点"，如果再把大家疯狂购物的画面摄取一张，这就完成了"面"，真正做到点面结合。还有第三自然段对小作者和家人购物的场景描写，这一段应该是文章的中心，但很明显购物情节不够具体，语言还不够细腻，细节描写未能做到"精细"。

# 第四节　美拍美文实践——新年目标

**习作内容：**

新年目标。

**习作目标：**

1. 能文从字顺地表达自己新年期间的见闻、体验和想法。

2. 培养学生留心观察事物的习惯，写真事，叙真情。

3. 新学年、新气象、新目标，让孩子从小养成珍惜时间、努力学习，规划人生目标的意识。

**习作案例：**

### 新年新气象

#### 吴双

一年一度的春节来了，我盼星星盼月亮似的，终于把年三十盼来了。每家每户都放起了鞭炮，礼花也开始放了，新年的气氛更浓了。

爸爸把鞭炮点燃，过了一会儿，鞭炮就在一声尖叫中飞上了天空，消失在夜空中。一串串花炮各式各样，有的是笑脸，有的是花朵，还有的像降落伞呢！五彩缤纷的礼花给天空增添了色彩，此时此刻是最美丽的。礼花用它美丽的"身影"迎接新一年的到来，让我们的生活变得更加丰富多彩，那美好的时光在我的脑子里永久保存。

新年的礼花 礼花绽放的瞬间

啊！礼花，你的美丽给新的一年带来了美好。那"轰隆"的鞭炮声，使整个世界都变得热闹起来；那"轰隆"的鞭炮声，使整个祖国变得强大起来。

新年新气象，我下定决心，在新的学期里一定要把全部的心思都用在学习上。古人曰："世上无难事，只怕有心人！"加油！我一定要当一个胜利者，不做胆小而又失败的人！我要相信自己哦！

精彩点评：

人生充满了"盼"。在生命的长河中，随着年龄的增长，其盼望的目的也随之发生变化。文中的"我"期盼着一年一度的春节。春节，是我国人民的传统节日，也是一年中最热闹的节日，更是一元复始、万象更新，制订新年目标的时节。俗话说得好："一年之计在于春"。新春之际定好计划，接下来的学习生活将会进入有序的轨道中。

小作者选材与组材都很巧妙，先是概括叙述对春节的期盼，紧接着讲述了期盼的理由，排比句生动形象，很能感染读者，结尾立意很好。针对习作中的三个目标，小作者通过留心观察，能文从字顺地表达自己新年期间的见闻、体验和想法，同时阐述了自己的新年目标，完全切合本篇习作的意图。

文章开篇便抒发了作者的情感，"盼星星盼月亮""终于"等词让作者的新年期盼之情油然而生。接着作者从"礼花""鞭炮"概括地描述了新年新气象，让浓浓的年味一下子变得更浓了起来。

第二、第三自然段是小作者和爸爸一起"放烟花""看烟花""想烟花"的过程，观察细致、语言真实、情感真挚。首先描述了爸爸点的花炮，有声音"尖叫"，有色彩"五彩缤纷"，有形状"笑脸""花朵""降落伞"，有感受"礼花用它美丽的'身影'……那美好的时光在我的脑子里永久保存"，此句用拟人化的手法写出了小作者对礼花的喜爱，同时也借礼花写出了人们蒸蒸日上的幸福生活。

第三自然段强调礼花给人们带来的美好祝福。然后用排比的句式，写出了鞭炮声把世界变得热闹起来，把祖国变得强大起来。这一切既是现实，也是小作者对美好未来生活的期盼。

文末一段，是小作者抒发情感的部分，更是小作者制订目标、表达志向的段落。情感升华，直抒胸臆。同时小作者也能借助古训"世上无难事，只怕有心人"表达自己努力的决心。情真意切，感人肺腑！

看着小作者的文章，我也遥想起自己儿时春节放花炮的情景：从自己能独立行走后的连续几年，我迷上了放花炮，我知道只要春节一到，大人们就会买来很多花炮。开始，我看大人放，后来我学着自己放，三五个小伙伴一起放。放花炮真是太刺激了，现在想起来仍记忆犹新。春节年年有，春节年年盼。随着自己不断地长大，知识的增多，烦恼的增加，理想的追求……自己的期盼也发生变化。当然这期盼，这变化，随着祖国的日益强大，也将变得愈加的幸福美满！

# 第五节　美拍美文实践——妇女节

**习作内容：**

妇女节。

**习作目标：**

1. 回忆妈妈关爱自己的事情，通过直接或间接的方式向妈妈表达心中的爱，并观察妈妈的反应。

2. 把表达爱的过程写清楚、写完整，并通过细致刻画妈妈的神情、动作、语言及自己的内心感受来表达人物情感。

3. 养成留心观察周围事物的习惯，有意识地丰富自己的见闻，珍视个人的独特感受，全面提升自己的语文素养。

**习作案例：**

## 爱，要大胆说出来？

### 桑思琪

今天是"三八"妇女节。放学时，老师布置了一个特殊的作业——对自己的妈妈说："我爱你！"啊，这怎么说得出口？多难为情啊！老师似乎猜透了我们的心事，提醒我们："爱，是要说出来的，如果说不出来，可以写出来；如果家长出差了，还可以打电话。"我松了一口气，好像没那么难了。

琪琪和妈妈

放学时，我们排着队走到学校门口。我看见妈妈来了，刚要说，可喉咙里仿佛卡了一根鱼刺，怎么也说不出来。算了，大庭广众的，回家再说吧。我瞅了瞅旁边的王杨，她脸红红的，眼睛亮闪闪的，可嘴抿得紧紧的。哈哈，这么多人，她也说不出来。

回到家，妈妈去做饭，我急急忙忙回到房间里写作业。写完作业，我把作业拿给妈妈检查，心想："就趁现在说吧！"我跑到卫生间，对着镜子练了十几遍"我爱你"，然后鼓起勇气走到妈妈那儿。妈妈正低头给我检查作业，我刚要说出口的话又硬生生地咽了下去。唉！算了吧！我想，干脆不说了吧？

正打着退堂鼓，突然，我发现妈妈头上有白头发了，银丝一样，夹在乌黑的发丝中，显得那么刺眼！我的眼前浮现出妈妈忙碌的身影：早早起来给我做饭，半夜三更到我房间帮我盖被子；周末陪我买衣服，自己却舍不得买；上学时，总有一句"路上小心点"回响在我耳边；我感冒了，她催我喝感冒冲剂……而我呢，从来没有为妈妈做过什么，弟弟出生后，妈妈整天围着他转，我还抱怨过妈妈不爱我了——现在我才知道，我错了！

"妈妈，我爱您！"我脱口而出。

妈妈听了，先是一愣，然后皱起了眉头，疑惑地问："琪琪，你刚才说什么？"

"妈妈，谢谢您为我所做的一切！妈妈，我爱您！"我又大声地说了一遍。

这回妈妈听清了，她的脸上漾出了一个大大的笑容，她摸了摸我的脸："我的小琪琪长大了！"

"妈妈，晚上我要帮您捶背、洗脚，明天早上，我来做早饭，您多睡一会儿！"

"好的！谢谢乖女儿！"

屋里响起我和妈妈快乐的笑声。

爱，要大胆说出来，更要化为行动。

**精彩点评：**

中国有一句古语："当家才知柴米贵，养儿方知父母恩"，不懂事的我们总是把父母的关心当作理所当然，父母做得不好的时候还会埋怨几句。因此，妇女节为孩子感恩父母、回报父母提供了一个很好的契机。

本篇习作讲了在妇女节那天，老师布置了一项特殊的作业，几经波折，"我"终于向妈妈表达出"我"的爱。

第一自然段讲述老师布置了一项特殊的作业，交代了事情发生的背景。第二自然段讲第一次表达失败。第三自然段讲第二次表达失败。第四到第八自然段讲我回忆起妈妈照顾我的场景，第三次表达成功。第九到第十二自然段告诉读者，爱要大胆说出来，更要化为行动。

本篇习作文从字顺，内容具体，感情真挚，很好地达成了本次习作的训练目标。细细读来，本文最大的优点是小作者抓住了自己的心理活动。

开篇，老师布置作业之后，"啊，这怎么说得出口？多难为情啊！"——五年级的孩子对于"爱"之类的词句比较敏感，羞于表达。当老师提醒可以用写的或打电话，"我松了一口气，好像没那么难了。"在学校门口，"我刚要说，可喉咙里仿佛卡了一根鱼刺，怎么也说不出来。算了，大庭广众，回家再说吧。"——说不出来，果断放弃。再"瞅了瞅旁边的王杨，她脸红红的，眼睛亮闪闪的，可嘴抿得紧紧的。哈哈，这么多人，她也说不出来。"看到同学跟"我"一样，小作者的心里有种如释重负的感觉。

回到家写完作业后，"我"对着镜子练了十几遍，可是"我刚要说出口的话又硬生生地咽了下去。唉！算了吧！我想，干脆不说了吧？"前两次表白宣告失败。

后来，妈妈头上的白发刺痛了"我"的眼睛，也让"我"回想起妈妈忙碌的身影，生活中的画面一幕幕出现在脑海里，"我"深深地感受到妈妈的爱，也暗暗后悔曾经对妈妈的抱怨。当感动积累到一定程度时，表达就是一件再自然不过的事——"妈妈，我爱您！"我脱口而出。

看，这些心理描写深入小作者的内心世界，细腻、生动、真实地展示了小作者的心路历程，从"我"接受作业的"被动"到"脱口而出"的情不自禁，"我"感受到妈妈无私的"爱"，"我"也成功地告诉妈妈"我"的爱。"我"的心潮跌宕起伏，字里行间洋溢着浓浓的亲情。

另外，本文语言也很有特色，如"喉咙里仿佛卡了一根鱼刺"中比喻手法的运用，"这怎么说得出口？"中反问句的运用，"唉！算了吧！"感叹句的运用，这些手法使得小作者的叙述条理清晰，准确生动，富有真情实感，很好地表现了习作的主题。

# 第六节　美拍美文实践——跳蚤市场

**习作内容：**

跳蚤市场。

**习作目标：**

学校推行新型实践活动，各个班级在学校操场办起"跳蚤市场"，"跳蚤市场"上的商品都是孩子们的闲置物品，而且可以以物换物，这样可以盘活他们的"闲置资产"，让他们树立低碳生活的意识。活动中一定有许多美好的瞬间，难忘的经历，独特的感受，将这些瞬间、经历、感受有序地表达出来。

**习作案例：**

## 快乐的跳蚤市场

### 王雪飞

盼星星，盼月亮，终于盼到了可以参加跳蚤市场的日子。那天第二节课下课，我们早早地排好队，来到了操场。

操场上早已人声鼎沸，吆喝声、讨价还价声，声声入耳。大家迫不及待地选好位置，摆好自己的商品。我、孙宁、王佳佳三人一组。孙宁不甘落后地吆喝起来："瞧一瞧，看一看喽，全部半价出售，绝对实惠，绝不黑心喽！"结果叫了好半天也没人来买，我和孙宁干脆拿起一本书去推销，留下王佳佳坐镇。

操场上的跳蚤市场

我们先到了一二年级的小孩那儿，因为其他人都说小孩的生意最好做。果然不出所料，我俩的书都卖出去了，回来时，王佳佳也有收获，我们不亦乐乎。

咦，我们不能光做老板，不做顾客呀，于是我就带着钱去买别人的东西了。

我看中了一本《呼兰河传》，问道："这本《呼兰河传》多少钱哪？"卖主先说："4块。"我犹豫了一下，他接着问："你想要多少钱？"我心想：这个摊子生意肯定不好，不然怎么可能让买的人开价。我说："3块。"卖主说："3块可以。"于是，我只用3块钱就买到了一本必读书目。这时，我突然想起弟弟在我早上出门时让我给他买玩具。我就到一二年级的小孩那儿转了几圈，给他买了玩具，还买了一本书，这本书可以帮助他学习汉语拼音。

时间过得飞快，转眼间活动就结束了，我们恋恋不舍地离开了操场。经过这次活动，我知道了赚钱不容易，以后我要节约每一分钱，不能浪费。

精彩点评：

"跳蚤"是小的意思，买卖的都是些小东西，少则三五毛，多则三五块。还有一层多的意思，参加的人数多，买卖的东西多，人人既当老板，又做顾客，相当于一个"二手市场"。跳蚤市场是孩子们小时候接触做生意的一个重要途径，在这些跳蚤市场里可以学到很多基本的理财知识。学校举行这样的新型实践活动尤为重要，能让孩子从小养成勤俭朴素、低碳生活的良好习惯。

小作者语言平淡质朴，能有序地将学校举行的跳蚤市场的前后过程条理清晰地表达出来。有美好的瞬间，有难忘的经历，有独特的感受，让读者如临其境，仿佛就是其中的一只"跳蚤"。

文章第一节，小作者一连用了三个"盼"字，表达了自己对"跳蚤市场"的热切期盼。"早早地"同样写出了同学们的急切愿望。

习作的二、三、四节，重点描述了小作者参加整个跳蚤市场的全过程。"人声鼎沸"一词写出了参加活动的人数之多，场面之壮观。"吆喝声、讨价还价声，声声入耳"写出了跳蚤市场场面之热闹。这是小作者进入"跳蚤市场"的最初印象。接下来是由面到点，小作者一行迅速组成三人小组，有计划地分工，一人负责吆喝，二人负责推销，活脱脱的一个"营销团队"。"瞧一瞧，看一看喽，全部半价出售，绝对实惠，绝不黑心喽！"孙宁的吆喝不仅具有渲染力，而且实行半价出售，为顾客利益着想，这是一个绝对称职的、优秀的、专业的叫卖员。就在团队出现暂时困境的时候，他们能想出"上门营销、服务周到"的策略，化解了危机，赢得了商机。"不亦乐乎"写出了三人获得成功后的喜悦、胜利之感。

跳蚤市场不仅是卖商品，还要买商品。文章第三节是本篇习作的一个过渡节，起着承上启下的作用，使文章中心突出，衔接自然，巧妙过渡。第四节的上半部分详细描述了小作者购买《呼兰河传》的过程，作者通过人物的对话，抓住卖家的心理，进行讨价还价，最后成功购书。接着略写为弟弟购买了玩具、学习用品，可见这是一个多么称职的小姐姐呀。

美好的瞬间往往就是这么短暂，"飞快""转眼"写出了跳蚤市场实践活动的精彩，时间在不经意间便流逝了。"恋恋不舍"写出了作者不愿结束，不忍离去的情感。最后一句"我知道了赚钱不容易，以后我要节约每一分钱，不能浪费。"是本篇习作的一个主旨，一个重要的意图，小作者也真正明白了"勤俭朴素、低碳生活"的重要道理。

# 第七节  美拍美文实践——读书节

**习作内容：**

读书节。

**习作目标：**

1. 按照一定的顺序把这段经历或这件事情的起因、经过、结果写清楚，感受最深的部分要写具体，写生动。

2. 学会在叙事中表达自己真实、独特的感受，使文章富有真情实感。

3. 让学生在活动中得到丰富的体验，感受书籍给人类带来的巨大财富，激发学生热爱读书的兴趣，使学生养成良好的读书习惯。

**习作案例：**

### 多姿多彩的读书节

*韩家慧*

"生活里没有书，就好比大地没有阳光；智慧里没有书，就好比鸟儿没有了翅膀……"在四（1）班肖瞻远同学响亮的声音中，学校第三届读书节启动了。

读书节的活动真是多姿多彩。二年级学生和家长共同绘制的"亲子共读推荐卡"，造型别致、色彩鲜艳，作品充满了童真童趣。二、三年级制作的好书推荐手抄报，美观大方、个性十足，彰显了他们的美感和智慧。四年级师生家长共同阅读了日本著名作家黑柳彻子的《窗边的小豆豆》，还举办了"读书沙龙"活动。他们在活动中探讨了小豆豆变化的原因，分享了难忘的细节及自己的阅读收获，最后还描绘出自己理想中的校园远景。

读书节启动仪式　　　　　　　　　　　参加读书节的家慧

　　我们五年级呢？自然不能落后。我们开展了"要不要读课外书"的读书辩论会、优秀读书笔记展，还有好书推荐、书签大赛、办读书小报等活动。其中，好书推荐是同学们最喜欢的、几乎是全员参与的活动。同学们用各种各样的方式推荐好书，有几位同学还将推荐内容做成了精美的PPT！

　　我向同学们推荐的好书是《奇妙的数王国》。这是一本数学科普读物，以童话的形式将数学知识贯穿其中。什么地方都包含了数学知识，把数字们都写活了。知识点由浅入深，从最开始的奇偶数到分数，再到立方米、递等式……还涉及了图形，告诉我什么样的图形最牢固，不容易被震塌或顶翻。原本很枯燥的数学知识，被作者这么一写，反倒让我们都爱看了。

　　做读书小报时，我用鲜艳的色彩描绘了读书的快乐，用春天的特色构成了配图。主题一目了然，上面的内容主要是关于读书的一些名言警句和我的读书感悟。最后我还在左上角画了一盏台灯，表示书就像是一盏灯，照亮了我们前进的方向，也照亮了我们的人生。

　　这次读书节，让我和同学们深刻地体会到好书的真正价值，是啊，我们一起读书吧，让书香润泽我们的生命，让读书成就我们的未来！

**精彩点评：**

多姿多彩的读书节虽然过去了，它留给同学们的美好却一直珍藏在他们的记忆深处。韩家慧同学就用文字记录下了这美好的经历。

第一自然段以读书节开幕式上同学代表的发言开始，开门见山，直接点明了文章的主题。第二自然段开始围绕"读书节的活动真是多姿多彩"这句话，具体介绍了读书节的活动。最后一个自然段总结全文，并呼吁同学们一起读书。

本文在写作上最值得学习的是，对材料的选择有详有略，重点突出。读书节的活动很多，但这些活动中总有印象深刻、富有意义的一段经历或一件事。小作者并没有面面俱到，或是泛泛而谈，或是写成"流水账"。小作者先分年级介绍了每个年级的活动：二年级"亲子共读推荐卡"，二、三年级好书推荐手抄报，四年级"读书沙龙"活动，然后在五年级的读书节活动上花了很多笔墨。而对于五年级的众多活动，如读书辩论会、优秀读书笔记展、好书推荐、书签大赛、办读书小报等活动，作者除了简单介绍了自己做的读书小报，还详细介绍了自己推荐的《奇妙的数王国》，把书里的主要内容、书的主要特点都一一写了出来，让读者也能了解这本书，激起阅读的兴趣。这样一来，既详略处理得当，重点突出，又能让读者对学校的读书节有更加全面的了解。几个年级所有的活动以及每样活动的特点，都展现在读者面前，而小作者或简单或详细的介绍，也让读者感受到学校读书节的热闹场面，学生、家长、老师都参与其中。乐在其中，读书节的多姿多彩、活动的热热闹闹、同学们的踊跃参与、书本的魅力也从文字中尽情流露出来。

**建议**：本次习作目标第二点要求是："学会在叙事中表达自己真实、独特的感受，使文章富有真情实感。"本篇习作还略有欠缺。可以再写写自己在活动中的心理活动，这样习作才会更加真实，更有感染力。

# 第八节 美拍美文实践——生命践旅

**习作内容：**

生命践旅。

**习作目标：**

1. 通过本次习作训练学生积极感受自然和品味自然。

2. 指导学生能不拘形式地敢于行文，表述自己的感受和想法。

3. 按照一定的顺序将自己的所见所感表达清楚、具体。

**习作案例：**

### 记一次难忘的践旅

顾韵

### 出发前

在即将去淮安的前一天晚上，我做了充分的准备。午餐要自己准备，可以带水果、面包、八宝粥、火腿肠和纯净水，其他的零食不用带。自己准备一个背包装食品，自带垃圾袋，晕车的同学更要带。手机可带可不带，照片老师会拍，如果带手机，安全自己负责。我自己带小本子记录，回来写日记。

### 路途中

在大巴车上，我们有说有笑。有的人带的午饭一上车就吃上了；有的人戴

参观周恩来纪念馆

着耳机听歌，好不悠闲；有的人在闭目养神，养精蓄锐，为了到淮安的时候有力气游览……经过了一个多小时的颠簸，我们终于来到了梦寐以求的淮安。

### 活动中

到了淮安，我们的第一站就是周恩来纪念馆。首先，我们举行了升旗仪式。然后，老师带领我们参观了周恩来纪念馆。

告别周恩来纪念馆，我们回到了大巴车上吃午餐。午餐也是应有尽有：有的人吃面包，有的人吃火腿肠，甚至还有的人吃凉拌面和肯德基……饱餐一顿之后，我们出发去了第二站——吴承恩故居。

在那儿，我们参观了吴承恩故居。在那里很多同学用手机拍照，留作纪念，还有同学带了零花钱买了纪念品呢！参观完之后，我们回到了车上。

接下来我们就要前往最后一站——周恩来故居。他的故居非常简朴，从中可以看出周总理一生非常清廉。他的精神值得我们学习。

### 归途了

夕阳西下，我们恋恋不舍地登上来时的大巴，踏上了回去的路途。此刻的我们已经没有了来时的欢呼雀跃，个个都累坏了，同时也在回味这次终生难忘的实践之旅！

精彩点评：

游记在"旅游热"的今天来说，特别重要，熟练掌握游记的写法很有必要。其实游记就是一种记叙文，同学们都写得出来，但是要写得有味道，让人觉得有意思就比较困难了。

本篇习作，小作者的成功之处：一是采用了"题记"的形式来记叙游记的过程，即出发前—路途中—活动中—归途了，这种形式，小学生很少会用，让人有眼前一亮的视觉享受，也能清晰地了解整篇文章的脉络。二是小作者能抓住活动过程中同学们的表现及行为特征，展示出了同学们对活动的浓厚兴趣及情绪高涨的画面。小作者的不足之处就是未能将景区的特征具体地描述出来，注重了"人物"忽略了"景物"，有点美中不足。

"出发前"片段，小作者侧重描写了出发前的准备及注意事项。有午餐的食物，有晕车的垃圾袋，有记录的小本子……可见小作者是一个做事谨慎、考虑周全的好孩子，也是一个执行师命、不折不扣的好学生。

"路途中"片段，小作者描写了路途中大巴车上同学们的各种表现及行程的时间。"有说有笑"一词直接概括了同学们兴高采烈、欢呼雀跃的场面。然后作者留心观察，抓住了细节：有吃食物的，有听歌的，有养精蓄锐的……刻画了不同学生不同的表现，语言准确生动。"梦寐以求"说明淮安是同学们一直向往的地方，今天终于实现，心中的激动兴奋之情油然而生。

"活动中"片段，是本篇习作的重头戏，小作者按照游览的路线，依次介绍了周恩来纪念馆、吴承恩故居、周恩来故居这几个景点，写出了师生们对先辈的瞻仰与追忆之情。遗憾的是作者对这三处景点的特征描述甚少，未能将先辈的丰功伟绩清楚地表达出来。作者侧重描述了在大巴车上吃午餐的情景：吃面包的，吃火腿肠的，吃凉拌面的，吃肯德基的，各种食物"应有尽有"。"饱餐一顿"写出了同学们的满足与开心。在吴承恩故居同学们有的拍照，有的买纪念品。在周恩来故居，作者用四个字"非常简朴"概括了总理一生的清廉作风，为后人树立了榜样，小作者也以此为范，发扬周总理精神，向周总理学习。

"归途了"片段，小作者勾勒了两幅画面，一幅是同学们登上大巴，不舍离去的画面，一幅是同学们"个个都累坏了"的画面，由出发前的"欢呼雀跃"变成了现在的"累坏了"，是同学们游览前后的真实写照。"终生难忘"是这次生命践旅的最大收获。

# 第九节　美拍美文实践——艺术节

**习作内容：**

艺术节。

**习作目标：**

1. 习作时有读者意识和明确的习作目标。

2. 抓住人物外貌、语言、动作、心理活动等描写来反映人物特点，表达自己对人物的印象。

**习作案例：**

### "王者的荣耀"

李响

不知不觉中，又迎来了一年一度的艺术节。我去年赢得了"小歌王"的称号，今年我还要参加小歌王的比赛。我准备为大家献上一首美妙动听的歌曲《雪浪花》。

比赛之前，老师让我们搬凳子排队到操场。操场上，人来人往，就像锅里的小蚂蚁，真热闹啊！"歌王比赛"马上就开始了，我是第一个上台表演的。我一上台，我们班的同学就给我打气助威，高喊"歌王歌王，一路唱响，耶！"在台上，我暗暗地想：一定要唱好这首歌，为我们班争光。但这个时候，我有一点点紧张，音乐响起时，我一下子把前奏的两个动作忘记了，我越发紧张，最后连节奏也跟不上。但我还是努力把这首歌唱完并向大家鞠了一躬走下了台。我坐在椅子上，心里不开心，我想这次肯定不能为班级争光了。我在下面默默地看着其他同学表演，等待那激动人心时刻的到来。

精彩纷呈的艺术节

看着看着，比赛进行到了"舞王竞技"的阶段，轮到孙宁上场了，她那优美的舞姿深深地吸引了我。正看得津津有味的时候，音乐突然卡了，我替她捏了一把汗，她回头看了老师一眼，马上继续跳下去。这时，朱老师带头打起了节拍，接着，全场的老师和同学都给她打起了节拍。随着节拍声，她完成了那优美、欢快的舞蹈。这个场面真是感人，全场掌声如雷。她真厉害，在没有音乐的伴奏下，她一点也不紧张，镇定自如地跳完了自己的舞蹈。

激动人心的时刻到了，虽然我也得到了"小歌王"的称号，但我觉得，孙宁更是我学习的榜样，她才是真正的拥有"王者的荣耀"呀！

**精彩点评：**

本文是一篇主题鲜明的"艺术节"实践性活动作文，极大地调动了学生的热情，他们既能进行一次有意义的舞台表演实践，又调动了全身的感官参与，获得最直接的体验。亲身体验多了，习作的素材自然也就多了，取材新颖，构思奇妙，语言生动活泼，字里行间透露出清新的"艺术节"活动气息和儿童怦然心动的艺术情怀。

"王者荣耀"在本文中指的是"歌王""舞王"为自己、为班级争得的荣耀。

文章第一自然段介绍了艺术节的到来，以及"我"的比赛项目。"不知不觉"写出了孩子们对艺术节到来时的兴奋惊喜之情。"一年一度"说明了艺术节是每年都举行的活动，也由此看出学校对艺术节的重视，对孩子们艺术情操的重视。二、三两句写"我"为参加艺术节"小歌王"比赛做好了充分的准备，对赢得"小歌王"称号充满信心。

文章第二自然段描写了"我"参加"小歌王"比赛紧张而激动的心理。首先进行了外部场景的描写，用"锅里的蚂蚁"，突出了操场上人多而热闹。接着便是"我"的表演，而台下的班级同学"打气助威""高喊"，可见同学们的热情与团结。"歌王歌王，一路唱响"口号声响亮，讲求对偶押韵，同时对我也充满了必胜的信心。"暗暗地想""紧张""努力"等词语说明"我"是一个集体荣誉感极强的学生，渴求为班级争得荣誉，作出贡献。"鞠躬"这一细节描写，说明小作者是一个懂礼貌，又富有舞台经验的人。"不开心""默默地"说明"我"对自己的演唱不满意，没有达到自己预期的效果。

第三自然段介绍了"舞王竞技"，侧重描写了孙宁同学曲折的舞蹈过程，最后的效果是"掌声如雷"。"优美""津津有味"说明孙宁舞蹈技艺高超，"我"被深深地吸引了、陶醉了。"音乐突然卡了，我替她捏了一把汗"，说明情况突然，让人猝不及防，而面对这一情况，孙宁同学的表现是"她回头看了老师一眼，马上继续跳下去"，说明她沉着镇定，并没有因此而慌张，停止跳舞，而是在老师、同学们的节拍下"镇定自如地跳完了自己的舞蹈"。这更加证明了孙宁同学舞蹈技艺的高超，以及处理突发事件的果断利落。

文章结尾比赛结束，我又获得了"小歌王"的称号，但我并没有因此而沾沾自喜，而是向孙宁学习，小作者谦虚好学的品质值得所有同学学习。

# 第十节　美拍美文实践——体育节

习作内容：

体育节。

习作目标：

1.写的时候先想一想要表达的中心，写哪些活动，再按一定顺序把活动过程写清楚，还要注意语句通顺，详略得当。

2.写好活动场景，注意动作、语言、神态以及心理描写。注意写出自己的真情实感。

3.培养学生观察、思考、表达和创造的能力。

习作案例：

## 愉快的体育节

### 周杏镁

"请各班出来排队！"在响亮的广播声中，我们期待已久的体育节拉开了帷幕。迈着轻快的步伐，挂着开心的笑容，我们喊着嘹亮的口号踏进了操场。

体育节的比赛项目很多：跑步、跳远、跳高、拔河、球类、两人三足等，最让我期待的是下午的家长自行车比赛，因为我爸爸也参加了。

吃完午饭，我们便排着队走向学校南面的公园，说在旁边，可距离也有几千米吧。一路上，大家说说笑笑，只有我在担心：我爸怎么还不来，不是说好来参加自行车比赛的吗？一路上的担心在临近公园大门口的时候消失了。因为我看见一群家长骑着自行车来了，中间那个格外精神的可不就是我爸？我欣喜若狂地叫了一声"爸"，他冲我一笑，我跟着队伍走到赛道旁边。

体育节暨冬季长跑启动仪式

一声哨响，比赛开始了。我们一边挥动着啦啦球，一边为家长们加油！我一直等我老爸闪亮登场，可等了半天他怎么还没有出现。老师说："别着急，四年级比赛刚结束，就到五年级了。"

盼啊，等啊，远远地，爸爸终于来了。可是，他一开始就落在别人后面，"爸爸，加油！"我急了。爸爸好像听到了我的喊声，把身子压得更低了，猛地蹬了好几下，自行车立刻前进了一大截，哈哈，赶上最前面的车了。

"爸爸，加油！"我喊得更大声了，同学们也大声喊起来："叔叔，加油！"爸爸的车很快从我面前经过。啊！前面是右拐弯了，只见爸爸灵活地调整车头，成功拐了弯。

骑啊骑，现在离终点只有十米了，是直线跑道。爸爸就使劲地往前冲，终于他第一个冲过了终点！"爸爸，你真棒！"我高兴极了。

迎着晚霞的余晖，我们哼着歌，走上了回学校的路。愉快的一天在歌声中结束了……

精彩点评：

小作者周杏镁同学记叙了参加学校体育节的事情，详细描写了爸爸参加家长自行车比赛的过程，主题鲜明，内容具体。

　　本文一共有八个自然段，第一自然段介绍了学校的体育节到了。第二自然段介绍了体育节的主要项目。第三到第七自然段详细介绍了爸爸参加家长自行车比赛的情况。第八自然段总结全文。

　　本文在写作方面值得学习的有以下几点：

　　1. 详略得当。体育节的活动是很多的，如第二自然段中所介绍的"跑步、跳远、跳高、拔河、球类、两人三足等"，小作者没有花过多的笔墨去描述，而是一句话简单介绍。然后围绕"最让我期待的是下午的家长自行车比赛，因为我爸爸也参加了。"这句话点明下文将详细描述自行车比赛的场景。因为爸爸也参加了这项比赛，所以"我"对家长自行车比赛充满期待，"我"的关注由此产生。我们往往会由于这样或那样的原因，对某样事物或某个场景念念不忘，那干脆就写这一样好了。

　　2. 比赛场面描写生动。场面是由人、事、景、物组合起来的综合画面，不可能几笔就同时都写出来。因此，写场面时要安排好先后顺序。一般来说，场面描写可以按照由面到点来安排顺序。比如，描写庆祝教师节的场面，可以先写欢庆活动的总体气氛，勾勒"面"的情况，然后分别写校长、老师、同学的表现。这样就能点面结合、条理清楚。

　　小作者先写了"我们"一起走向比赛场地（学校附近的公园），一路上同学们说说笑笑，渲染出快乐的氛围。接着描写了比赛的过程。在这个过程中，小作者既写了爸爸比赛的样子，也有"我"这个观众的互动，还有同学们的加油，这样把观察的视线向横的方向展开，因此，整个家长自行车比赛的场景就像一幕幕精彩的画面，让读者有身临其境的感觉。

　　3. 用词准确生动。如比赛中，"爸爸好像听到了我的喊声，把身子压得更低了，猛地蹬了好几下，自行车立刻前进了一大截"，"爸爸灵活地调整车头，成功拐了弯"，这几句话准确地描述了爸爸比赛中的动作、比赛的紧张，参赛家长的努力一下子展现在读者面前。

　　同时，小作者还抓住了心理描写和语言描写。如路上"我在担心：我爸怎么还不来，不是说好来参加自行车比赛的吗？""我一直等我老爸闪亮登场，可等了半天他怎么还没有出现。"小作者心情的变化由此可见，一个活泼可爱的女孩形象也跃然纸上。

# 第十一节　美拍美文实践——五一节

**习作内容：**

五一节。

**习作要求：**

1. 按照游览的顺序，描写景物，做到条理清楚、自然。

2. 突出特色景观，多角度描摹景物特点。

3. 表达真情实感，写景的同时把自己的感情融入其中，表达对名山大川的热爱。

**习作案例：**

### 游凤凰山

高玥

今天是五月一日，风和日丽，我和爸爸妈妈一起去登凤凰山。

一踏上凤凰山，我就闻到一股泥土的清香味道。我抬头望望四周，青的草，红的花，绿的树，都长得郁郁葱葱，呈现出勃勃生机。天空中小鸟"叽叽"地叫着，好像正在说："啊！真美啊！真美啊！"

不一会儿，我们爬到半山腰，来到了有名的"二龙潭"。只见两个栩栩如生的"龙头"正往潭里喷着水，在潭中溅起半米来高的水花，非常好看。我疑惑不解地问爸爸："这龙头的水流了多少年了？它的水是从哪儿来的？"爸爸笑着对我说："孩子，这水是从山上水库里接来的，用管子接到'龙嘴'，由于水位的落差大，就形成了'龙吐水'这一景观。现在你知道了吧？"

游凤凰山

爸爸揭开了这个谜底后，我们继续登山，十几分钟后我们一家人走在农行干校的林荫道上。嗬！这里真美，高大的桉树整齐地站在人行道旁，好像一个个正在接受检阅的军士。地上花儿开了一地，小草绿得耀眼，真想忘掉自我，尽情畅享在这令人陶醉的美景里。

天色渐晚，我们不得不和凤凰山说再见了。凤凰山，虽然我还有很多的山峰没有攀过，还有很多的历史没有追寻过，但你带给我漫步林中的惬意，心灵的洗礼，这些将永远留在我的记忆中！

**精彩点评：**

假期正是出去旅游的好时候，但是游记类作文怎么写？本篇习作给我们提供了一个范本。

1.按游览的顺序描写景物。写作时，要在认真观察和记忆游览的景物的基础上，按照见到的次序来写看到的景物。观察景物，通常有两种方法：一种是定点观察；另一种是移动观察，它又叫移步换位法，就是随着脚步的移动变换位置，一处一处地进行观察。

本篇习作中，小作者用的就是第二种方法，按照自己的游览顺序，先写了刚上山见到的景色，接着写到了半山腰，然后来到了农行干校，最后下山。这样，整个游览路线和过程就条理清晰地呈现出来。

2.抓住游览重点，详写过程，突出特点。一次参观游览活动，看到的景物很多，我们不能记"流水账"。要把看到的景物中印象较深的写下来，其余的可以写得简略些。我们一边参观游览，一边要抓住景物的特点，进行仔细观察，具体地描写，突出重点。

如本篇习作第二自然段，简单介绍了山脚下的景色，青草、红花、绿树，还有天空中飞过的小鸟。第四自然段对农行干校的介绍也比较简洁。而在第三自然段中，重点介绍了半山腰的"二龙潭"。"只见两个栩栩如生的'龙头'正往潭里喷着水，在潭中溅起半米来高的水花，非常好看"，生动形象地写出二龙潭的奇特。接下来通过"我"和爸爸的对话，揭开了"龙吐水"这一景观的奥秘。这样，做到主次分明，详略得当，写出来的文章才能突出重点，清楚明白，才能写出游览的意义。

3.略写前后，情、理、景相结合。在写游记时，应把开头和结尾写得简略些。开头要交代清楚时间、地点和人物，如本文"今天是五月一日，风和日丽，我和爸爸妈妈一起去登凤凰山"。结尾可以用议论或抒情的方式写下自己的感受。如本文这样写道："天色渐晚，我们不得不和凤凰山说再见了。凤凰山，虽然我还有很多的山峰没有攀过，还有很多的历史没有追寻过，但你带给我漫步林中的惬意，心灵的洗礼，这些将永远留在我的记忆中！"这样，写的文章有头有尾，读起来给人一个完整的印象。

同时，要注意的是，写作时，我们要倾注自己的思想感情，写出自己的真情实感。在写景的同时，或探索人生真谛，或谈论思想问题、治学精神，就能使读者在领略自然风景的同时，受到启迪和教育。

# 第十二节　美拍美文实践——枇杷节

**习作内容：**

枇杷节。

**习作目标：**

1. 仔细观察枇杷树枝干、叶子、果实等方面的特征，准确生动地描述出来。
2. 将活动过程中采摘、品尝枇杷果的美好镜头再现出来。
3. 学会修改自己的习作，表达出自己的真实情感。

**习作案例：**

### 校园里的枇杷树

付雯洁

我们校园食堂的北墙边种着一排枇杷树，一年四季都那么精神！

每一棵枇杷树的样子都差不多：一根细细的树干支撑着一个大大的树冠，像一个蘑菇的形状；枇杷树的叶子是椭圆形的，叶子的边缘很整齐，叶子的背面毛茸茸的，摸着非常舒服，像摸毛毯一样。

枇杷树的叶子在夏天的时候作用可大了！课间，同学们喜欢在葱郁的树叶下纳凉，有的同学会找一些大的叶子当扇子来用。在这些枇杷树的叶子之间，点缀着一簇簇的果实，从远处看去就像有好多小灯笼挂在上面。近看枇杷树的果实有的像青枣一样小，有的像杏子一样大，味道酸甜可口。听说用枇杷做成的枇杷膏还能止咳呢！

最值得一提的就是一年一度的枇杷节了！每班都分有枇杷树。在这一天每个班的同学在老师的带领下一起去摘枇杷，他们三三两两、齐心协力地摘枇杷，摘下来的枇杷都装在一个桶里，最后，摘完枇杷，每个人都能分到3—4个枇杷。吃着自己亲手摘的枇杷，我们都开心地笑了。

我爱校园，更爱校园里的枇杷树！

枇杷挂满树梢

摘枇杷

**精彩点评：**

每年五月，在枇杷成熟期间，学校举行不同主题、不同形式的"校园枇杷文化节"活动。从小作者的"美拍美文"中，可以感受到孩子们采摘、品尝枇杷果的快乐，也从中学到了有关枇杷树的知识，还提升了同学们爱护校园环境和尊重劳动的意识。小作者在享受劳动成果的同时，将自己的真实感受描述了出来。

文章第一自然段语言简洁明了，直接介绍了枇杷树的生长位置及特点。"一年四季都那么精神"写出了枇杷树常年不败的顽强的生命力，被称为"果木中独备四时之气者"。

第二自然段，小作者细致地描绘了枇杷树的样子，侧重围绕树干、树冠、叶子三个方面进行描述。"细细的树干""大大的树冠"像"蘑菇"，比喻形象准确。"椭圆形""整齐""毛茸茸""舒服"等词写出了叶子的形状与质感，小作者观察细致，语言细腻。

　　文章三、四自然段侧重描述了夏天枇杷树带给孩子们的欢乐。第三自然段，首先介绍了树叶的作用："在葱郁的树叶下纳凉""大的叶子当扇子来用"，也可以想象出孩子们在树荫下玩耍打闹的画面。接着小作者由远及近描写了枇杷树的果实的形状，"像灯笼""像青枣""像杏子"，还介绍了果实的味道"酸甜可口"，甚是好吃。最后介绍了它的药用价值"止咳"，言语中不自觉地流露出小作者的喜爱之情。第四自然段描写了"枇杷节"孩子们采摘枇杷、品尝枇杷的画面。"三三两两"写出了孩子们自由活动的快乐，"齐心协力"写出了孩子们团结互助的品质。"开心地笑了"写出了孩子们采摘、品尝后的兴奋、满足之感。当然，这一段应该是最为精彩，笔墨最为浓重的一段，小作者的介绍过于简洁了。

　　文末，"我爱校园，更爱校园里的枇杷树"照应题目，首尾呼应，是小作者感情的自然流露，情感的自然升华。

# 第十三节　美拍美文实践——亲亲小农场

**习作内容：**

亲亲小农场。

**习作目标：**

1. 能通过观察生活，搜集习作材料。

2. 按一定的顺序写下来，注意把内容写具体，语句写生动，表达出自己的真情实感。

3. 培养学生喜爱劳动，热爱大自然的情感。

**习作案例：**

### 我爱"亲亲"

王欣雨

在我们美丽的校园里，有一个充满生机、令人向往的地方，那就是学校的"亲亲农场"。

"亲亲农场"远远望去像一座海洋上的绿岛，充满了生机，充满了希望。一走进去，你一定会被那一片生机勃勃的景象吸引住。满园都是各种各样的蔬菜：有像一把把小扇子一样的小白菜；有吃了能变成"大力水手"的菠菜；有紫中带亮的茄子；有长得像一只只巨大的毽子一样的莴苣……还有一些蔬菜，我们没见过也没听过，更叫不上名字。阳光照在蔬菜上，叶子伸展着腰肢，好像在说："这儿的土地真肥沃，这儿的阳光真充足，这儿的小朋友真爱劳动。"

听老师说，我们午餐吃的很多蔬菜，都是从我们学校的"亲亲农场"收获的，这真是太神奇了！

我们的"亲亲农场"

老师教我们种植蔬菜

前段时间，科学老师带我们到这儿，给我们讲了许多蔬菜种植的方法，还给我们发了一些蔬菜的小苗。我们在老师的指导下小心翼翼地种下了这些小苗，也种下了我们每个人心中的希望。

我爱学校的"亲亲农场"，我们期待着更多更大的丰收到来！

**精彩点评：**

"亲亲农场"是学校开辟的一块蔬菜园地，是孩子们的一方乐土，是孩子们的实践基地。它有利于学生知识面的拓展和能力的养成；有利于学生健全人格的养成；有利于学生体验和感受种植的生活情趣。在小作者的这篇文章中，这三个"有利于"都得到了充分的印证，孩子们都形成了一种热爱校园、热爱生活、热爱大自然的高尚情操。

文题《我爱"亲亲"》，新颖别致，耐人寻味。"亲亲"指什么呢？是一个亲昵的动作吗？是一个要好的伙伴吗？是一个喜爱的玩具吗？还是……读者看到题目，顿时产生了无尽的遐想，瞬间有继续探索下去的欲望。

文章第一自然段向读者解开了谜底，点明了文章的题目，"亲亲"原来指的是学校的小农场。"美丽""生机""向往"等词写出了作者对校园的喜爱，对农场的喜爱。

文章第二自然段小作者由远及近地描绘出"亲亲农场"一片生机勃勃的景象。作者首先远看"亲亲农场"像是"海洋上的绿岛"，给人生机，给人希望，突出小农场的价值。接着移步园内，展现在眼前的是"一片生机勃勃的景象"。"各种各样"写出了"农场"里的蔬菜不仅品种多，而且式样也多，堪比一个小型的"蔬菜王国"。作者用了一连串的排比、比喻，介绍了农场里的白菜、菠菜、茄子、莴苣等蔬菜，写出了它们的样子及色彩，长势喜人。"还有一些蔬菜，我们没见过也没听过，更叫不上名字。"说明"亲亲农场"里的蔬菜不仅仅种类多，更关键的是种类奇特。最后小作者又采用了拟人化的手法"伸展着腰肢，好像在说"赋予了蔬菜人的生命，更赋予了蔬菜人的感恩品质，感恩阳光，感恩土地，感恩小朋友，其实小作者这样写的真正目的也是在告诉我们学会感恩社会，感恩大自然。

第三自然段介绍了学校食堂里很多蔬菜都是由"亲亲农场"提供的，"神奇"一词，写出了小农场的贡献之大，价值之大。

第四自然段小作者描绘了老师和同学们在"亲亲农场"一起劳作的画面。"小心翼翼"既看出孩子们对"小苗"的呵护，也可以看出孩子们做事认真负责的态度。孩子们在老师的指导下，学会了种植、施肥、浇水、除草……"也种下了我们每个人心中的希望"这句话一语双关，既是希望蔬菜苗苗壮成长，也是希望所有的小朋友能健康成长，对生活充满了信心，充满了希望。

# 第十四节　美拍美文实践——母亲节

**习作内容：**

母亲节。

**习作目标：**

1. 能从生活细微小事中感受到无私的母爱，体会妈妈跟孩子之间浓浓的亲情，学会用点滴行动来回报母亲。

2. 在练笔中，珍视个人的独特感受，巩固感悟写作知识，提高写作技能，养成热爱写作的兴趣和习惯，做到内容具体，感情真实。

**习作案例：**

### 刷鞋

孙浩然

"感恩的心，感谢有你，伴我一生……"清晨，我从一阵悦耳的歌声中醒来。哦，今天是母亲节！

"妈妈，母亲节快乐！今天我帮您做家务吧！""好呀，我刚准备洗棉拖鞋，你帮我吧！"

"洗拖鞋？好脏！好臭！"我心里嘀咕起来，刚想拒绝，可转念一想，平时我家的鞋都是妈妈洗的，不管多脏多臭，我从来没听她抱怨过。记得那次散步

努力刷鞋的浩然

的时候，我不小心踩进了路边的淤泥里，我当时就想把鞋子扔了，可回家后，是妈妈帮我把鞋刷得干干净净的。

"是，保证完成任务！"我给了妈妈一个响亮的回答。

我撸起袖子，径直走向水池。妈妈已经把要洗的鞋子摆放在水池边。怎么洗？我先回想妈妈以前洗鞋的样子，然后开始了我的"洗鞋大计"。我先放了一盆水，再倒进一些洗衣粉，将脏拖鞋泡进去。泡了几分钟后，我拿起鞋刷开始刷妈妈的鞋。我先刷鞋面，顺着花纹刷，脏的地方再用力多刷几下。鞋面刷完后，再刷鞋边和鞋底。刷鞋边时，我发现一些"老顽固"仍粘在上面，怎么也刷不干净。"既然是污渍，就一定能刷干净！"我在心底将这些污渍当作了数学难题。于是，我换了一盆水，又在脏的地方倒了一些洗衣粉，然后使出了更大的力气，专攻污渍。刷，刷刷，我刷刷刷！终于，那些污渍投降了。我高兴极了！

洗完了一双，再洗另外两双时，我发现已经没有那么困难了。

当妈妈看到阳台上摆放整齐的干净拖鞋时，她笑着说："然然，辛苦了！"

"妈妈，您辛苦了！"

**精彩点评：**

爱在五月，感恩母亲节。向妈妈表达自己的爱，对于小学生而言，能为妈妈做的，无非是送礼物、给妈妈端茶擦汗、捶背洗脚或帮妈妈做家务等，但这些看似不起眼的小事却最能传递出妈妈跟孩子之间浓浓的亲情。

本篇习作以歌曲《感恩的心》开篇，点明了主题。接着写了"我"和妈妈的一段对话，交代了事情的开端。这段描写真实而又生动地写出了小作者内心活动的变化：先是"我"初闻妈妈让"我"洗鞋时的嫌弃——"洗拖鞋？好脏！好臭！""刚想拒绝"，然后"我"回想起家里的鞋子都是妈妈洗的，不管多脏多臭，妈妈从来没有抱怨过，还想起那次我的鞋子踩进了路边的淤泥里，我自己都不想要了，是妈妈帮我把鞋子洗干净。——由鞋子引发的回忆，一件小事让"我"的心理发生变化，"我"的嫌弃变成了感动。——因为感受到母爱，所以感动；因为感动，所以"我"欣然"接受了任务"。

在洗鞋的过程中，小作者用了"放、倒、泡"等一连串的动词，把自己怎样洗的过程既完整又准确地描述出来，而"先、再、然后"这些表示顺序的词语又将这一过程叙述得有条有理，一个细心、耐心、爱劳动的小作者就这样展现在读者的眼前。——因为感恩，所以耐心。

最后以"我"和妈妈互道"辛苦"结尾。这处描写也很精彩：妈妈看我把鞋子刷得干干净净，她感受到"我"的成长，为"我"的懂事感到欣慰；而"我"从帮妈妈刷鞋这件小事中真切地体会到妈妈平时的辛苦和妈妈伟大的付出，"妈妈，您辛苦了！"这句话道出了小作者内心深处对妈妈的感激和爱戴。——因为爱，所以体贴。

在这篇习作中，小作者选择了帮妈妈刷鞋这件小事，题材并不特别新颖。但语言表达准确，"嘀咕""是，保证完成任务！""撸起袖子""洗鞋大计""在心底将这些污渍当作了数学难题""刷，刷刷，我刷刷刷！终于，那些污渍投降了。"这些略带风趣的语句使一个活泼的小男孩的形象生动地跃然纸上。

**建议：**可以增加对脏拖鞋的具体描述，这样可以让读者感受到刷鞋不是一件容易的事情，而除了刷鞋，妈妈平时要做的家务活还有很多，侧面反映出妈妈平时的辛劳，也让读者从妈妈的任劳任怨中感受到妈妈默默无闻的付出源于爱，从而引起读者共鸣，唤醒读者心中对妈妈的爱。

爱，可以是一杯热热的茶，可以是一个温暖的拥抱，可以是一句关心的话语，可以是一个鼓励的微笑……本篇习作采用的是一种以小见大的写作方法。因为细微之处，最见真情。

# 第十五节　美拍美文实践——父亲节

**习作内容：**

父亲节。

**习作目标：**

1. 回忆和父亲相处时的最难忘、最深刻的一件事并把它写下来，做到语句通顺，条理清楚，情感真挚。

2. 在现代家庭中，爸爸在孩子们心目中的形象是威严的，是伟大的，借父亲节之际，透过"父爱如山"活动，让孩子们感受父爱，感恩父亲。

**习作案例：**

## 雨中的父亲

### 孙宁

我的父亲是最好的父亲，他无微不至地关爱着我，呵护着我成长。还记得那次雨中——

那天下午，冷气袭来，气温骤然下降了好几度，爸爸骑着电瓶车从奶奶家接我回家。风不大，但凉飕飕的直溜进我薄薄的汗衫，冷得我在车后座绷紧身子。"天气变化咋这么大呀！"我不高兴地嘟哝着。

忽然车子的速度慢了下来，停在路边。爸爸下了车，两手往背后一交叉，来了个"金蝉脱壳"，那件白衬衣空着两只袖子掉了下来。转眼间，爸爸用力甩了甩，把衣服披在了我的身上。我披着爸爸的衬衫，大大的，我不想穿，爸爸硬是一颗一颗地帮我系好纽扣，捂了捂，关切地对我说："小心感冒！要不然明天就上不了学了。"

坐爸爸的车回家

　　车子继续向家的方向前进，天还飘起了雨丝，风更凉了。添了爸爸的一件衬衣，前面又有爸爸宽宽的背挡着，我感觉暖和多了。可爸爸呢，脱了衬衣只剩下一件背心，弓着腰，又拼命地骑车。于是我执意坐前面，可爸爸不肯，最终爸爸犟不过我，还是下了车，把我换到前面。风呼呼地在耳边响着，前面果然更冷，可我没缩起来，而是张开了双手，帮爸爸挡风！

　　到家了，"阿嚏——"很响的一个喷嚏！"看看，还是感冒了，我叫你坐在后面嘛！"爸爸埋怨着。可我心里还是很高兴，因为爸爸没感冒啊！

　　父亲，节日快乐！愿你健康每一天！愿天下所有的父亲健康每一天！

**精彩点评：**

　　父亲这一角色在孩子成长的道路上有着不可或缺的作用。文中的小作者借雨中的一幕，充分展现了父亲具有力量、温柔、细腻的一面，浓浓的"父爱子，子孝父"的情感在雨中自然流淌出来。

　　从文章的题目——《雨中的父亲》看，小作者取材的角度虽然"小"——雨中，但能把父亲朴实无华的"大"爱品质集中体现出来。同时这样的题目也能吸引读者，让人产生无限遐想。

　　文章第一自然段，寥寥数语，作者便简要地概述了父亲对"我"细致入微的关爱。从"最好""无微不至""呵护"看出小作者沉浸在浓浓的父爱之中，幸福之感油然而生。"还记得那次雨中——"既照应了题目，又自然地引出下文，一举两得，巧妙过渡。

　　第二自然段着重描述了天气的变化情况。"骤然"一词写出了天气变化的突然，而且温差变化很大，"我不高兴地嘟哝着"看出作者的心情也随之变化。"溜"

一字，恰到好处，给风赋予了生命，也写出了凉风的无孔不入。"薄薄的"和"凉飕飕"互相映衬，自然让作者"绷紧身子"，当然正是这一段的环境为下文父亲的默默关爱做了一个铺垫。

文章第三自然段，描写了爸爸"强迫式"帮"我"穿上了他的衣服。爸爸脱衣的镜头描写形象生动、一气呵成，先是"两手交叉"，接着"金蝉脱壳"，最后"掉了下来"，整个过程干净利落。"甩""披""系"等动词以及爸爸的语言，都显示了爸爸对"我"的关爱，生怕"我"冷了，冻了，感冒了。

第四自然段，先是爸爸为"我"遮风挡雨，然后是"我"为爸爸挡风挡雨，这看似"滑稽"的一幕，其实更是充满"爱意"的一幕，父子俩都愿意为彼此付出。多么感人的一幕。其实想想，小作者开始是非常怕冷的，然后在父亲衣服的包裹下，在父亲身体的庇护下，变得暖和了，变得舒服了，那又为什么要坐到车的前面呢？是风小了雨小了吗？是不怕冷了吗？都不是，是一颗孝心，是一颗爱心，他"张开了双手，帮爸爸挡风"，多么懂事的孩子呀。

一声"阿嚏——"小作者虽然感冒了，但心里充满了甜蜜，因为爸爸没有感冒。爸爸表面上在抱怨自己的孩子，但心里是满满的自责和幸福，自责的是没有照顾好自己的孩子，让孩子淋雨感冒了，幸福的是孩子能像小大人一样保护自己了。

文末，孩子借父亲节来表达自己对父亲真诚的祝福。祝福天下所有的父亲健康幸福！

# 第十六节　美拍美文实践——六一儿童节

**习作内容:**

六一儿童节。

**习作目标:**

1. 了解身边儿童节有哪些庆祝的方式,通过观察用文字记录下来。
2. 培养学生用心观察生活,积极投入集体活动、参与活动的能力。
3. 用心感受儿童节带来的欢乐。

**习作案例:**

### 感悟六一儿童节的快乐

孙浩然

今天是我们儿童自己的节日。上午还是同往常一样地上课,一样地做操,一样地吃饭……到了下午终于迎来了不一样的精彩,因为我们举行了"庆六一"大联欢。

在这自编自演的联欢中,同学们纷纷展现了自己的能力,朗诵、舞蹈、吟诗等节目不断涌现。作为班长,我率先表演了脱口秀,最后又与严同学合作了相声。尽管表演两个节目有点累,组织联欢活动有点苦,但透过这累与苦,我却感悟到了更多生活的甜美!

六一儿童节联欢会

通过准备作品，我深刻体会到：要想赢得别人的掌声，首先得绽放自己的笑容。

在组织联欢之前，我在黑板右下角写了一个圆周率的符号，我希望看到这个符号的同学，能够从学习和生活上获得"π"的启示。"π"的无尽不循环，告诉我们在学习上要勇攀高峰、努力探索，获取多学科的知识；在生活上要珍惜时间，把握幸福，感受多方面的欢乐。

最后我想说：尽管我们在不断长大，但一定要留住童心，因为童心代表着纯净，代表着快乐！

**精彩点评：**

本篇习作有血有肉，读起来真是一大享受，该作文内容具体，作者平时肯定爱看书，才写出这么生动的文字。

流畅生动的语句，好似庐山瀑布飞流直下。文中语言诙谐幽默，"尽管表演两个节目有点累，组织联欢活动有点苦，但透过这累与苦，我却感悟到了更多生活的甜美！"这个感叹句表达了作者当时真实的感情。是啊，不经历风雨，怎能见彩虹！作者在这次联欢活动中，担任了组织者的角色，整个过程是辛苦的、劳累的，但是成果喜人，同学和老师的笑声就是对作者最大的肯定！

文章开头看似平淡，但是读下来，却读出了作者对六一儿童节的盼望与期待。"上午还是同往常一样地上课、一样地做操、一样地吃饭……"这么多的"一样"，让读者感受到了学习生活的平淡，也为下文"不一样"做了铺垫，形成了对比。虽然已经五年级了，但是爱玩是儿童的天性，如果这个儿童节没有活动，同学们该多么失落！

作者是一个合格的班长，在作者的带领之下，同学们纷纷献上才艺，展现一技之长，为班级的活动增添欢声笑语！同学们会心的笑，是大家对作者的赞赏的笑！文中没有华丽的辞藻，却让读者感受到了作者准备节目的用心。

议论与叙事相结合，"通过准备作品，我深刻体会到：要想赢得别人的掌声，首先得绽放自己的笑容""'π'的无尽不循环，告诉我们在学习上要勇攀高峰、努力探索，获取多学科的知识；在生活上要珍惜时间、把握幸福，感受多方面的欢乐。"作者不仅仅告诉我们儿童节的活动内容，还善于总结在活动中的收获，可见作者在生活中善于观察思考，是一个有心人！

主题凝练、集中，整个节日是快乐的；结尾干脆，有力，升华主旨，快乐的宗旨是留住"童心"，因为"童心"代表着纯净、代表着快乐！发人深思。

# 第十七节　美拍美文实践——数学节

**习作内容：**

数学节。

**习作目标：**

1.通过本次习作练习，让学生进一步学会"记事"记叙文的写法。

2.启发引导学生在"记事"中，要写真事、吐真情，文章才能具有感染力。

**习作案例：**

## 第一次购物

钱馨

学校举办数学节期间，老师布置了一个作业，让我们利用周末时间进行一次购物。

早上一起床，暖暖的阳光照在我身上，也洒落在城市的每一个角落。这么美好的早晨，我要一个人去购物。经过妈妈同意，我带了20元钱兴奋地出发了。

可是，到了马路边，我看着来来往往的车辆，顿时紧张了起来，心里好像有两个小人在吵架，一个说："还是回去吧，让妈妈带我去超市。"另一个说："太差劲了，不就是过马路嘛，小心点就是了。"这时绿灯亮了，我跟着人流顺利地穿过了马路。到了马路对面，我心里的石头才算落地了。

很快到了超市，今天的超市格外热闹，到处是过节的气氛。我东瞧瞧、西瞅瞅，也没有中意的物品。我又来到二楼，琳琅满目的商品使我眼花缭乱。我想：爸爸每天这么辛苦地工作，真该补一补了，我决定亲手给他做个面包沙拉。于是我来到面包区，拿了袋切片面包。和面包区紧挨着的是水果区，水灵灵的桃子、红扑扑的苹果，还有我需要用的猕猴桃。我精心挑选了三个猕猴桃称了一下。钱还够吗？我算了一下，还剩12元。忽然，一股花香飘了过来，我朝着香味走去，原来香味是从花卉区发出来的。我眼前一亮，星愿（金葫芦）不就是我梦寐以求的那个嘛，回去和爸爸妈妈一起种一棵金葫芦不是挺有趣的吗？我望着满满的篮子，觉得差不多了。于是就来到收银台结账。收银台的阿姨微笑地看着我，我把物品一件件放上去，心里七上八下，过了一小会儿，阿姨对我说："总共20元整。"我听了一蹦三尺高。

第一次一个人去超市购物

在回家的路上，满载而归的我手舞足蹈，柳枝向我点头，花儿向我微笑，小树向我招手，我感到无比快乐！

**精彩点评：**

在记叙文写作中，叙述好一件简单的事是一项基本功。练好这个基本功，以后进行复杂的叙事，也就有了基础。德国大作家歌德曾经说过："一个人只要能把一件事说得很清楚，他也就能把许多事都说得清楚了。"那么，怎样记叙好一件简单的事呢？

1. 要交代清楚事情发生的地点、时间；要把事情的经过、因果写明白。一件事，总离不开时间、地点、人物、事件、原因、结果六个方面的内容，因此，只有把这些方面写清楚了，才能使别人明白你写了一件什么事。然而，交代这六个方面的内容不应该呆板，要根据文章的需要灵活掌握。时间、地点也并不是非要直接点明不可的，有时候可以通过描述自然景物的特征及其变化，将它们间接表现出来。如"鸡喔喔叫了起来"，就是指天将亮了；"西边的太阳就要落山了"，指的是傍晚；等等。

2. 要把事情经过写具体，并做到重点突出。在记叙文六个方面的内容中，起因、经过和结果，是构成事情最主要的环节。在记叙中一定要写好事情的起因、经过和结果，特别要把事情的经过写具体，给人留下完整而深刻的印象。

3. 记叙的条理要清晰。每一件事都有发生、发展和结果的过程，按照事情发展的顺序记叙，文章的条理就会清楚。确定记叙的顺序以后，还要安排好段落层次。适当地分段，可以使文章眉目清楚。要做到记叙的条理分明，必须在动笔之前，仔细地想一想，文章应该先写什么，再写什么，然后写什么，把记叙的轮廓整理出来。

文章记叙了小作者第一次独自外出购物的经历。文章结构清晰，从决定出门购物、过马路、挑物品到结账，条理清楚，描写细致。心理描写细腻，过马路时"心里好像有两个小人在吵架"，体现了单独外出的作者心里的紧张与兴奋。结尾，"柳枝向我点头，花儿向我微笑，小树向我招手"充分体现了作者心中的喜悦。

# 第十八节　美拍美文实践——暑期游学

**习作内容:**

暑期游学。

**习作目标:**

1. 在暑期生活中,学生学会细心观察生活,亲身体验生活,在玩中学习。
2. 通过一些小事,使学生能够明白一些道理,感悟生活的真谛。

**习作案例:**

## 这件事真让我开心

荀丰臣

这件事发生在暑假,那是我最开心的一天。

7月3日,我在苏州乐园玩。许多游戏项目中最刺激的就数过山车了。车是加长的,可以容下一百人左右。轨道也是加长的,从开始到结束整个游戏将近一个小时呢!我兴致勃勃地说:"我想玩!"刚好我的身高达到1.5米了,玩过山车的限制是1.5米以下的不可乘坐,许多人只能扫兴地回去了。

开始了!开始了!大家像兴奋的鸟儿一样,叽叽喳喳地交谈着。过山车被铁链慢慢地往上托去。刚托上顶,突然有了一个下坡,"呼——"速度加快了许多!我的心一下子被提到了嗓子眼,速度太快了,连人影都看不清了,只能听见风在耳边放肆地大喊大叫着。

突然，不知谁大叫了一声："啊！"天啊，他（她）的声音就像惊雷一样，我被吓得一下子就睁开了双眼。更多的叫声出现了，只听他们"啊——啊——啊——"地在叫。他们在尖叫的同时还盯着铁轨看，我也连忙往铁轨上看。"哈哈！"我也大叫了一声。原来，最最刺激的阶段到了，用我的话说就是凌空十八翻，意思是说，有十八个大圆圈，然后在圆圈里翻。

游乐园的过山车

忽然，我听到几个人在说："游戏结束后咱们吃什么呀？"天哪！我也是无语中的无语了——都这时候了，还想着吃？还是先管好你们的胃吧，不难受才……我的胃开始难受了——又开始转了！

"呼呼呼！"转得很快，快结束的时候，我的头又开始晕了。闭上了双眼休息了一会儿，当我再睁开眼时刚好结束。

想到这段情景，我就忍不住哈哈大笑——这件事真令我开心！

**精彩点评：**

文章开头交代得十分清楚，时间地点，简明扼要。

接下来开门见山地点出本文要叙述的重点。"车是加长的，可以容下一百人左右。轨道也是加长的，从开始到结束整个游戏将近一个小时呢！"这是豪华版的过山车，人多而且刺激，一下子就激起了小作者的兴趣。"我想玩！"看来，我们的小作者还是十分勇敢的呢！幸运中的幸运，小作者满足乘坐的条件，"1.5米以下的不可乘坐过山车""刚好我的身高达到 1.5 米了"，相对于"许多人只能扫兴地回去了"，小作者应该是幸运的。

　　大家游玩得兴奋，你一言我一语，小作者在文中这样写道："大家像兴奋的鸟儿一样，叽叽喳喳地交谈着"，描写得生动形象。"我的心一下子被提到了嗓子眼"，小作者用切身感受为我们讲述坐过山车刚开始的感受，看来过山车的刺激也只有坐过的人才能切身体会。"只能听见风在耳边放肆地大喊大叫着"这一句从听觉方面来描写过山车速度之快，运用拟人的修辞手法，将过山车在空中飞驰的感受写得真切可感。放肆的风，不可控制，大喊大叫，非常刺激，令人振奋。一声尖叫打破开始的兴奋，接下来应该是让人害怕了吧！"我被吓得一下子就睁开了双眼"，读到这里，读者也会觉得想笑呢！原来，我们的小作者也是害怕的呀！小作者调皮可爱又勇敢的样子，让我们更加喜欢了。"'哈哈！'我也大叫了一声。原来，最最刺激的阶段到了，用我的话说就是凌空十八翻，意思是说，有十八个大圆圈，然后在圆圈里翻。"这里照应本段开头，尖叫的原因是最刺激的阶段到了，难怪这么多人开始尖叫。可是还有幽默的插曲，有人竟然还在讨论吃什么，"游戏结束后咱们吃什么呀？"读来真是想笑呢！就在小作者心里还在想着这个笑话时，刺激的时刻来了，还未做好准备，已经开始转了。随之而来的是作者担心别人的问题出现在自己身上了，胃里开始难受了。小作者描写得细致入微，读者仿佛也跟着去坐了一回过山车，风声、尖叫声，仿佛胃里也跟着难受起来，这与小作者细心的感受，详细的描写是分不开的。

　　文章结尾呼应开头，与题目相照应，虽然历经困难，但收获快乐，情感升华。文章安排详略得当，语言简明扼要，语句通畅，读起来浑身舒畅。

# 第十九节　美拍美文实践——小小志愿者

**习作内容：**

小小志愿者。

**习作目标：**

1.通过集体活动，培养学生参与集体活动的意识，有团结合作的能力。

2.通过亲身体验，使学生明白劳动者的辛苦，能够学会保护环境，并能够带动身边的人保护环境。

**习作案例：**

### 我是小小志愿者

朱晨光

放学了，"五人队"来到阳光大街。那天天气特别好，蓝天白云，像美丽图画的集合体，那云朵，有的像小羊，有的像小鱼，还有的像灰太狼，可有意思了。这晴朗的天空把本来就风景美丽、空气清新的阳光大街衬托得更加怡人。鼻息间时常还会飘过花草的清香，耳边伴着小鸟叽叽吱吱的歌唱。

"五人队"兴致勃勃地走在大街上，这时同学们发现路边的电线杆上有那么多小广告，与这美丽的环境很不协调。他们的心情一下子暗下来。

保护环境的小小志愿者

　　第二天放学，"五人队"的同学们便带着准备好的铲子、水桶、刷子等工具来到阳光大街，他们不由分说就干了起来。小明很胖，力气大，只见他咔嚓咔嚓几下就把一张小广告铲掉了。旁边的男生铲了半天也没铲掉，他说："你的力气可真大啊！"小明说："我们俩一起干吧！"他们一会儿就铲了不少小广告。小刚个子高，胳膊也长，他说："高处的小广告我全包了。"有些广告贴得太高，他只得蹦着铲，蹦着蹦着，一脚没站稳摔了一跤，他爬起来，掸掸裤子上的土又接着干。花衣服的男孩个子矮，可以铲低处的，他的方法与众不同，先用水把纸浸透，然后再铲，很快低处的全被铲掉了。小胖主动为大家当后勤，提来了一桶又一桶的水。他们连铲带刷，干得热火朝天，个个汗流浃背。同学们齐心协力把剩下的纸屑和污渍全部清理干净。那一根根电线杆又干干净净地挺立在了街道两旁，与那美丽的环境融合在一起。

　　大家都夸他们是保护环境的小小志愿者。"五人队"为我们树立了榜样，大家都应为美化环境贡献力量。

　　精彩点评：

　　"那天天气特别好，蓝天白云，像美丽图画的集合体，那云朵，有的像小羊，有的像小鱼，还有的像灰太狼，可有意思了。"开头便是优美的环境描写，把读者带到一个美丽的场景，小作者将眼中看到的白云比喻成"小羊""小鱼""灰太狼"，小作者心中有个美丽的童话世界，在他眼中看到的事物皆被想象成了童话里的小动物。在这里，同时运用了比喻和排比的修辞手法，比喻、排比修辞手法的运用，生动形象地写出了白云形状各异的特点，也只有拥有丰富想象力的孩子，才会写出如此丰富的语句吧！

小作者今天出行时的天气晴空万里，也预示着会有好心情呢！"这晴朗的天空把本来就风景美丽、空气清新的阳光大街衬托得更加怡人。鼻息间时常还会飘过花草的清香，耳边伴着小鸟叽叽吱吱的歌唱。"在描写天气的时候，从多种角度出发，视觉、听觉、嗅觉，多种感官都被调动起来，真是让人身临其境呢！有迷人的静景描写，也有可爱的动景描写，动静结合，相辅相成，一切都是那么的和谐。

晴朗的天气、美好的心情，却被街头电线杆上的小广告给破坏了。在这里，小作者看似无意，其实是透露了一个信息给我们——今天，他们的任务应该就是清理小广告了。为下文的事件埋下了一个伏笔，做了一个铺垫。

"不由分说"一词，写出了小伙伴们已经知道要怎么做了，铲除小广告的决心强烈。"小明很胖，力气大，只见他咔嚓咔嚓几下就把一张小广告铲掉了。"在描写人物的时候，给了小明一个特写镜头，在小明这里，清理小广告，易如反掌，轻而易举，只听见"咔嚓咔嚓"，小广告就被铲了下来。

"小明说：'我们俩一起干吧！'他们一会儿就铲了不少小广告。小刚个子高，胳膊也长，他说：'高处的小广告我全包了'。"从这里可以看出，小伙伴们团结和睦，合作愉快，集体劳动能够帮助大家明白一个道理，团结力量大，集体智慧多。

"有些广告贴得太高，他只得蹦着铲，蹦着蹦着，一脚没站稳摔了一跤，他爬起来，掸掸裤子上的土又接着干。"小作者运用动作描写，为我们展现了一位可爱的、勇敢的、不怕脏和累的同学的形象。"花衣服的男孩个子矮，可以铲低处的，他的方法与众不同，先用水把纸浸透，然后再铲，很快低处的全被铲掉了。"这位同学很讲究方法，在集体中，每个人都可以发挥自己的作用，各尽其能。

# 第二十节　美拍美文实践——教师节

**习作内容：**

教师节。

**习作目标：**

1. 能够通过自己平时对老师的仔细观察，用文字语言把老师介绍给大家。

2. 尝试在习作中运用平时在语文课堂和生活中积累的语言材料。

3. 乐于习作，并培养习作的信心。愿意与他人分享习作的快乐。

**习作案例：**

## 记万国菲老师

### 左诗涵

万国菲老师不仅是我曾经的语文老师，还是我们班的班主任。

万老师年轻漂亮，粉白的娃娃脸上经常挂着甜美的微笑。她清澈的大眼睛里流淌着快乐与阳光。听万老师的语文课，真是一种享受。她知识丰富，讲到一个成语就会引出一个成语故事。她读课文的时候不仅声音好听，而且很有感情，我们听着听着就入了神。

万老师工作认真细心。每当我们做作业的时候，她就会轻轻走到同学身边，看看我们有没有不会做的题，字写得端不端正，她都会一一指出。每当我们做

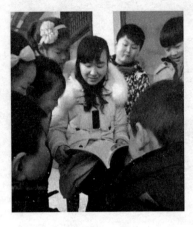

我们的万老师

广播体操时，万老师会看着我们做的动作标不标准。每当我们犯了错误时，万老师会耐心地帮我们改正错误。每当有刮风下雨的天气，万老师会问我们有没有带雨伞。每当放学的时候，万老师会护送我们过马路，并叮嘱我们："回家的路上要注意安全，不要在路上玩耍，早点回家。"……

啊！万老师您就像天空中的明月，一直呵护着我们这群调皮可爱的小星星。我们感谢您！

**精彩点评：**

本习作，语言通顺流畅，读起来既亲切，又不失儿童的天真与活泼。小作者把从语文书上学会的词语和句子运用到习作中，如"万老师年轻漂亮，粉白的娃娃脸上经常挂着甜美的微笑。她清澈的大眼睛里流淌着快乐与阳光。""粉白""清晨"等词语，让读者很快就了解到万老师是一个年轻充满活力的老师。这样的老师，每个孩子都喜欢。

小作者有一双明亮的眼睛和聪慧的心，通过仔细观察万老师在课堂内与课堂外的言行举止，发现万老师独特的美。并且通过举例子的方法，将万老师工作认真仔细的形象跃然纸上。同学作业写字不端正——指出；学生犯了错误时，耐心地帮忙改正错误；刮风下雨问同学有没有带伞；放学叮嘱同学要早点回家……

正是有这样一位好似大姐姐，又好似好朋友的万老师，从而让学生激发出对老师的喜爱。

习作的最后自然段，小作者通过教师节这一天，来表达对万老师的感谢，体现出习作的工具性与人文性，用文字表达内心的想法，构建与外界沟通的桥梁，让习作变得简单而美好。

# 第二十一节 美拍美文实践——国庆节

**习作内容：**

国庆节。

**习作目标：**

1. 用心观察，按照一定顺序有条理地描述自己的所见、所闻、所感。
2. 学会场面描写、细节描写，把事情写具体生动。
3. 激发学生对祖国的热爱之情。

**习作案例：**

## 迎国庆

孙雨涵

今天我们又迎来了举国同庆的日子——国庆节。

马路两旁新种满了五彩缤纷的花草，还插上了五颜六色的彩旗，整个城市显示出一派节日气象。街道上更是人山人海，挤得水泄不通。货摊上来自各地的商品琳琅满目，叫人眼花缭乱。走在大街上，人们都会被周围的气氛感染。

我漫步在大街上，看到了一件令我目瞪口呆的事情：一位穿着清洁服的老奶奶（估计六十五岁了吧！）正在清扫垃圾。引人注目的是她的清洁车上竟也插了一面鲜艳的小红旗。一阵秋风拂过，小红旗随风飘动，突然，她注意到了什么，用那粗糙的手抚摸着小红旗，轻轻地拍了几下，接着又投入了工作中……一会儿，我才注意到刚刚的风将尘土扬到小红旗上了。此时，我感受到了一位清洁工对祖国的热爱之情。接着，高昂的歌声在我耳畔响起："五星红旗迎风飘扬，胜利歌声多么嘹亮，歌唱我们亲爱的祖国，从今走向繁荣富强……"我沉醉在这庄严而悠扬的乐曲中，情不自禁地哼唱起来，感觉全身的血液也沸腾起来了。联想起 1949 年中华人民共和国刚成立时，毛泽东主席站在天安门城楼上，庄严地宣布：中华人民共和国成立了！从此劳动人民自己当家做了主人，中国人民上下一心，建设美丽的新中国，中国人民从此站起来啦！

繁华的街市

以前我们的国家一贫如洗，百废待兴，多少年来，历经多少先辈的无私奉献、辛苦付出，才有了现在的幸福生活。如今我们国家已经走出了亚洲，迈向了全世界，我们用自己的智慧一次又一次地向世界证明我们国家的实力。

少年智则国智，少年富则国富，少年强则国强……此时此刻，我为自己是中国人而骄傲，同时暗暗下决心：一定要珍惜今天这美好的时光，好好学习，长大了为祖国的美好未来作贡献。

**精彩点评：**

国庆长假，孩子们可以休息旅游，但还会有一个作业——写国庆见闻作文。那么，如何写好一篇国庆见闻作文呢？

一、什么是见闻

在写作之前，我们要先明确到底什么才是见闻。顾名思义，见闻其实指的就是自己的所见、所闻、所思、所感。国庆见闻就是指在国庆期间，自己的身边发生了什么事情，或自己听说了什么事情，自己对这些事情又有着什么样的思考和感悟。比如说去旅游所看见的景色，回老家所经历的事情，国庆外出期间大街上的小事和节日的整体气氛等，这些都可以写。但需要注意的是，所写的事情必须都是自己亲身参与的，这样才符合见闻的写作要求。

二、见闻写作要点

1. 时间要点明。文章所叙述的事情发生时间必须是国庆期间的，很多同学在写作时容易忽略时间直接写内容，文章最后也没有点题，这样就不符合"国庆"这个时间限制的要求。

2. 过程要交代完整并突出重点。把一件事情写完整，文章中就必须要具备六要素：时间、地点、人物、起因、经过（高潮）、结果（结局）。其中最为重要的就是后三个要素。而在这三个要素中，原因和结果可以稍微交代一下，中间的高潮部分才是读者最想看，也是最感兴趣的部分，所以写作选择切入口时要小而细致。另外，国庆期间所经历过的事情会很多，写完整并不代表你要将"吃喝拉撒"什么都写，不然就会让读者感觉乏味无趣。正确的写法是恰当地选择其中的一件小事写，同时放大事情切入点，一句话、一个眼神、一个动作、一个细微的事情都可以成为你这篇文章的亮点，都可以成为你重点描写的对象，使之贯穿全文，文章自然就不会成为流水账，反而变得集中而又灵活有趣了。

3. 运用各种修辞手法、幽默的语言来增加文章的生动性。例如，"公园里有很多树"和"公园里长着很多高大茂密的树，这些树就像战士一样守卫着公园"，两个句子相比，明显后面的句子更长，同时写得更好，这就是修辞的魅力。再如，看到别的小朋友随地扔香蕉皮，我上前去说"你怎么能随地扔香蕉皮呢？"和"大哥哥，你的香蕉皮掉到地上了，你把它扔到这里，那边的垃圾桶会很伤心的。"这两个句子相比，依然是后面的句子略胜一筹，所以在写作文时一定要注意遣词造句。

本篇习作的小作者，有条理地介绍自己的见闻，并懂得把自己的想法加进去，习作内容具体生动。小作者先交代大街上所见到的景象，马路两旁"五颜六色的彩旗""五彩缤纷的花草"，这是所见之景，凸显节日的喜庆；写人多，"人山人海""水泄不通"，这是人之喜悦；商品"琳琅满目""眼花缭乱"，种类多，到处充满着节日的气息。小作者先总写节日之所见，接着，详细刻画一位六十几岁的清洁工，通过一个"抚摸"并"轻轻拍打"小红旗上的尘土，表达了清洁工对祖国的热爱之情。"我"哼唱歌曲的细节描写，以及心里的感受使习作的内容更具体，文字充满感染力。点面结合，内容具体而有条理。把祖国的过去与现在做比较，更让我们切实感受到祖国的惊人变化，一个富强、民主、文明的中国矗立于眼前，我们怎能不自豪？怎能不热爱呢？

小作者观察细致，描述有条有理，特别是细节描写，使习作的内容更具体生动，文字感染力强，通篇表达了对祖国的热爱之情。

# 第二十二节 美拍美文实践——桂花节

**习作内容：**

桂花节。

**习作目标：**

1.通过对身边桂花的观察、采集，了解桂花的食用价值及药用价值。

2.把活动的过程叙述清楚，做到内容具体，语句通顺，行款正确，书写规范、整洁。

3.培养学生观察植物、研究植物的兴趣，激发他们探索科学的兴趣。

**习作案例：**

## 赏桂花

### 张志远

"快起来！快起来！"一个亲切的声音在我耳边急切地响起。哦，原来是妈妈。"快起来！我们要去赏桂花了！"于是，我兴奋地跳下床，立即做好了所有准备工作。我们出发啦！

走进公园，一股浓浓的香味儿扑鼻而来。我们循着香味儿寻找桂花树，"啊！找到了！"我兴奋地说。远远看去，桂花树郁郁葱葱、枝繁叶茂，如同一把绿色大伞，又好似一个千年蘑菇，更宛如一位高大士兵。浅黄色的桂花挂满枝头，

枝繁叶茂的桂花树

就像天上的点点繁星，在树叶的衬托下，显得更加迷人！走近一瞧，桂花千姿百态，一团团，一簇簇，一串串，你挨着我，我挨着你，有的张开了笑脸，欢迎前来观赏的游客；有的害羞地低下了头，用树叶半遮着脸；还有的干脆躲进了树叶丛中，进入了甜甜的梦乡。我忍不住走上前，凑近一闻，一股股浓郁的香味，沁人心脾。这时我不禁想起了杨万里的《咏桂》："不是人间种，移从月中来。广寒香一点，吹得满山开。"

妈妈说："桂花的用途可大啦！可以做桂花糕、酿桂花酒、泡桂花茶……"还没有等妈妈说完，我就迫不及待地拿了张报纸放在树下，然后我轻轻地摇桂花树，那些枯萎的桂花飘飘洒洒地落了下来；于是我又用力地摇桂花树，那些轻盈的桂花随着风儿翩翩起舞，轻轻地飘落下来，像是下起了桂花雨，落在我的头上、肩上、身上，我好像披上了一件桂花衣，陶醉在这迷人的香味中，仿佛走进了美妙的童话世界。我一蹦三尺高，身上的桂花便满天飞扬，舞动着它那妖娆的身姿，轻轻地落在了报纸上。我赶紧卷起报纸，放在口袋里，拿着回家泡桂花茶呢！

桂花没有梅花那么有姿态，也没有玫瑰那么娇艳，更没有牡丹那么富贵，但是我却很喜欢桂花，喜欢它的小巧玲珑，喜欢它的谦虚低调，更喜欢它那种默默无闻地把香味洒向人间大地的奉献精神。顿时，我发现了身边许许多多的"桂花"。妈妈用甘甜的乳汁哺育着我，无微不至地照顾着我；老师捧着一颗心来，不带半根草去，把甘露洒向茁壮的新苗；警察叔叔不分昼夜，不辞辛劳，用自己的汗水保卫着一方平安……

"何须浅碧深红色，自是花中第一流。"我喜欢桂花，更想做那一朵朵桂花！

精彩点评：

本文开篇点题。在妈妈的催促下，小作者跟随妈妈去赏桂花。机会都是留给有准备的人，小作者"做好了所有准备工作"，在接下来的赏桂花中，定会有所收获。

　　"广寒香一点，吹得满山开"，桂花飘香，你瞧，小作者刚刚走进公园，"一股浓浓的香味儿扑鼻而来"，从嗅觉方面写出了桂花的香气。"桂花树郁郁葱葱、枝繁叶茂，如同一把绿色大伞，又好似一个千年蘑菇，更宛如一位高大士兵。"小作者传神地向我们介绍了桂花树，把茂盛的桂花树比喻成一把绿色的大伞，又好似一个千年蘑菇，生动形象，具体可感。高大的树木保护着那些柔美的花朵，就像"一位高大士兵"，让人肃然起敬。接下来，小作者运用比喻的手法，把小小的、浅黄色的桂花形容成小小的星星，那么多，就成了作者口中的"繁星"。在写到桂花的姿态时，小作者将排比的手法运用得恰到好处，"一团团，一簇簇，一串串，"形容桂花开得繁盛。"有的张开了笑脸，欢迎前来观赏的游客；有的害羞地低下了头，用树叶半遮着脸；还有的干脆躲进了树叶丛中，进入了甜甜的梦乡。"这一句用拟人的手法，生动形象地写出了桂花的千姿百态，惹人爱怜的模样。"不是人间种，移从月中来。广寒香一点，吹得满山开。"到底有多喜爱，到底有多香，小作者引用一首古诗表达自己此时此刻的情感。

　　小作者不仅写出了桂花的美丽和香气扑鼻，还写出了桂花的价值。通过第三人称妈妈的口吻，写出了桂花的生活价值。在妈妈的讲解之下，小作者更加喜爱桂花了。小作者用优美的语句为我们营造了一片美丽的桂花世界。比喻、拟人手法贯穿其中，运用得当，读来让人身心愉悦，真是一大美的享受，眼前仿佛出现了一幅天降桂花雨的图画。

　　运用对比的手法，拿桂花与梅花、玫瑰、牡丹相比，突出桂花"小巧玲珑""谦虚低调""默默无闻""奉献精神"的特点。由此，小作者由桂花的这种优秀品质联想到了生活中具有同样品质的人，深化了文章的中心，使情感得到了升华，主旨凝练，有力收尾。

　　"何须浅碧深红色，自是花中第一流。"引用诗句再次赞美桂花，表达了自己也想成为具有桂花那样品质的人。全文语言辞藻华丽，多种手法结合，将桂花的外在美、内在品质展现得淋漓尽致，实是一篇佳作！

# 第二十三节　美拍美文实践——中秋节

**习作内容：**

中秋节。

**习作目标：**

1. 养成留心观察周围事物的习惯，有意识地丰富自己的见闻，珍视个人的独特感受，积累习作素材。

2. 叙述自己中秋节的经历，并选取一两件有关中秋的事情写清楚原因、经过、结果，做到文从字顺。

3. 抒发自己的独特感受，激发对祖国传统文化的热爱之情。

**习作案例：**

### 中秋的思念

居依辰

又到中秋，有诗云：海上生明月，天涯共此时。可是今天不是赏月的好日子，因为有雨，还因为爸爸不在家。我不禁想起去年的中秋。

那年中秋的晚上，爷爷在院子里摆放了一张椅子，上面放满了棱角、豆角、莲藕、石榴、月饼等食物，奶奶告诉我这是我们家乡传统的拜月习俗。农村里常有"在家拜月出门不遭雨雪"之说，拜月表达了人们对幸福平安的美好渴求。

听了奶奶的话后，我也赶紧学着爷爷的样子拜月，我可不想出门就遭到雨雪。接着我们围着大圆桌，奶奶做了很多美味的食物，我们狼吞虎咽地吃着，吃得可香啦！然后我们坐在院子里聊着天望着月，我躺在躺椅上，望着圆圆的月亮，它是那么的圆，找不到半点缺陷，我大口大口地吃着月饼，觉着月饼是那么香甜可口，是那么回味无穷。那月饼香香的气味一下子溢到我的喉咙，我仿佛觉得我是最幸福的。

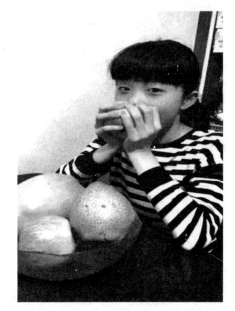

中秋的思念

月亮渐渐地升上了中天，金色的圆月仿佛像一个大月饼，微风吹拂着我们的头发，像妈妈的手在轻轻地抚摸着我的头，这时劳动了一天的奶奶为我们讲起了"吴刚伐桂""嫦娥奔月""玉兔捣药"等神话故事。听听奶奶的故事，看看天上的圆月，我觉得自己也仿佛身处月宫了。

这时，妈妈的话打断了我的思绪："不知你爸爸出差在外有没有吃月饼。"我耳边响起了苏轼《水调歌头》中的诗句："人有悲欢离合，月有阴晴圆缺，此事古难全。但愿人长久，千里共婵娟。"

**精彩点评：**

中秋节是除春节以外最受人们欢迎的节日，万家团圆，人们一边品尝着月饼和各种水果，一边欣赏着明月，一边说着那经久不衰的故事，是一件多么美好的事情呀！本篇习作的小作者构思新颖，能写内心的真实话语，情感真挚，发自肺腑。不是每次中秋节都能有皎洁的月亮，比如阴雨天气，小作者也碰到了一个没有月亮的中秋节，那么怎么来写呢？小作者巧妙地运用了回忆的手法，回忆了去年的中秋节，家人团聚，品尝食品，欣赏月亮，听奶奶讲动人的故事，充满了温馨甜蜜。表达流畅，语言清新自然。接着，妈妈的一句话引回现实，点出爸爸没能回来过中秋，字里行间饱含对亲人悠悠的思念之情，可谓扣动读者的心弦。

　　作文之路，任重道远，贵在积累，我相信孩子们书读得多了，积累的作文素材也就多了，想说的话也就多了，当然写起作文来也就顺手多了。

# 第二十四节 美拍美文实践——重阳节

**习作内容:**

重阳节。

**习作目标:**

1. 让学生了解重阳节的来历和习俗,帮助学生在活动中积累一定的素材。
2. 让学生学会多角度选材,拓宽题材范围,提高选材能力。
3. 在作文教学中弘扬传统文化,让学生传承尊老敬老的传统美德。

**习作案例:**

## 重阳佳节

### 夏凡

"独在异乡为异客,每逢佳节倍思亲。"又是一年一度的九九重阳节了,学校组织了去敬老院慰问老人的活动。在万老师的带领下,我们兴致勃勃地出发了,一路欢声笑语。金色的阳光温和地洒向了大地,太阳公公也笑眯眯地跟随我们来到敬老院。

我们带着买来的水果、点心等来到敬老院,这里跟我想象的有天壤之别,这里没有高楼林立,没有五彩缤纷的花朵,也没有幽美的环境……只有一排排整齐的平房,里面比较简朴,我看着心里泛起一种酸溜溜的感觉。

看着老爷爷、老奶奶一缕缕银丝和满脸的皱纹，它们透露出岁月的痕迹，看着他们一个个身体健康，又有了稍许安慰。我正想把带去的香酥面包递给一个戴太阳帽的老爷爷，突然一个戴帽子的老奶奶接过礼物，哈哈，有那么点小意外。他们满脸笑容地说："谢谢，小妹妹，你真可爱。"我说了声："不客气，爷爷、奶奶祝你们身体健康，万事如意。"然后我们都开心地笑了。

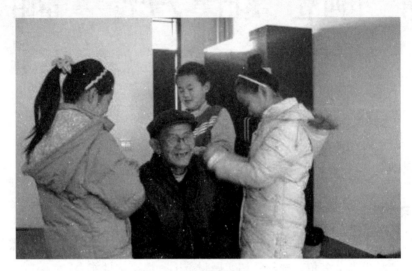

去敬老院慰问老人

今天的活动让我知道了尊老爱幼的重要性，懂得了要关心身边需要帮助的人，要发扬我们中华民族的传统美德。

**精彩点评：**

作文课的主要功能是引导学生关注生活、不断积累，并善于把所经、所见、所闻、所感流畅地表述出来，做到有物有序有旨。但作文课作为语文课的一个组成部分，同样起着传道授业解惑的功能，由此确立习作目标并展开习作，旨在让学生学会选材，但必须以自己的亲身经历为材料，无论是议论文还是记叙文，如果以亲身经历为材料，便可以保证不会在材料上与人"撞车"，就有写出自己独特性的可能。当然，学生写作记叙文，在选材时，不要只是盯着自己看过的优秀作文，而应尽可能地从亲身经历与非常熟悉的生活中选材。

这是一篇叙事文章，讲的是小作者在老师的带领下，到敬老院给老爷爷和老奶奶送礼物的事。文章层次清晰，结构完整，语言朴实，尤其是"金色的阳光温和地洒向了大地，太阳公公也笑眯眯地跟随我们来到敬老院。"这个环境描写，加上拟人手法的运用，更是让文章锦上添花。文章中人物活动的描述也很具体，真实可信，生动有趣，如"我"递香酥面包给一位老爷爷，却被一位老奶奶"劫走"的过程，小意外中显出老奶奶的调皮，活跃气氛，引人入胜。全文语言流畅，感情真挚，值得借鉴。

# 第二十五节　美拍美文实践——枫叶节

**习作内容：**

枫叶节。

**习作目标：**

1. 以"枫叶"为主题，写出秋天枫叶的形状、颜色等。

2. 指导学生仔细观察枫叶，能抓住特点，想象丰富，清楚明白、有条理地介绍。

3. 激发学生热爱自然、热爱生活的思想感情。

**习作案例：**

## 枫叶

### 刘忆婕

"停车坐爱枫林晚，霜叶红于二月花。"每当我吟诵起这动人的诗句，便会浮想联翩，这时我的眼前仿佛出现了漫山遍野的枫叶，一丛丛，一簇簇，如同秋天的小精灵们。

枫叶不仅是秋天的象征，还是秋天的使者。

下午，我独自在羊肠小路上漫步。忽然，一阵风吹来，迎面飘下来几片枫叶，在微风中时起时落。小小的枫叶在天空中飞舞，像是一只只翩翩起舞的红色蝴蝶，又像是一封封天空寄来的红色明信片。你看，它们在风中打了几个旋儿，便悄悄地落在了地上，挤在满地的黄叶中，引人注目。

秋天的枫叶

我小心翼翼地捡起一片枫叶，细细地端详着。瞧，可爱的枫叶呈手掌状，叶子由七部分组成，每部分的边上都有锯齿形的叶边，把叶子翻过来，可以看到枫叶的许多筋脉。看着这可爱的枫叶，我忍不住把叶子贴到鼻子上，轻轻地、深深地闻了闻。啊！一股清爽的香味钻进鼻子，使我舒服极了。这小小的枫叶，像熊熊燃烧的火炬，像美丽精致的王冠，像张开撑立的鸭掌，更像金鱼那小巧玲珑的尾巴。嗬，这别致的小精灵，这活泼的小天使，怎么不让我爱不释手？怎么不让我赞不绝口？

我情不自禁地、轻轻地抚摸着它。啊！枫叶的全身是那样的光滑，像擦了油一样，全身发红发亮。我把它夹在了我的书里，让它当我的书签，让它陪伴着我，让我珍藏着它。我抬头望去，远处，那小土坡上的枫树林，枝繁叶茂，像一片红云飘到了山头，又像是一群亭亭玉立的少女正穿着鲜艳的裙子在翩翩起舞，显得格外楚楚动人。

鲜红的枫叶把秋天装点得更加瑰丽，更加美艳了！在这如诗如画的秋天，欣赏着跳动的火焰般的枫叶，怎能不令人心旷神怡呢！

我爱秋天，更爱秋天的枫叶！

**精彩点评：**

本篇习作的重难点在于能写出秋天枫叶的特点，能做到有序观察，抓住特点，加强体验和想象。学生不必拘泥于老师提供的句式，可以按照自己的表达习惯与方法，组织好介绍的语言，主动观察，自由表达。世界上没有两片完全相同的叶子，不要只停留在一片叶子上，要注意发现同一种枫叶的不同地方。自主观察枫叶的颜色、形状，想象风儿吹过的情景。指导学生学会由整体到部分，有序观察，想象丰富，叙述具体。抓住特点，运用比喻、拟人的手法，具体形象地表达。我们在介绍秋天的枫叶时，除了抓住树叶的特点，展开丰富的想象外，同时做到动静结合，秋天的枫叶就会栩栩如生地展现在我们的眼前。

小作者在这篇习作中，很好地注意了这些方面。习作开头，小作者以诗句巧妙地引出枫叶，并赞美枫叶是秋天的使者，语句中洋溢着对枫叶的喜爱之情。小作者又以抒情的笔调，抓住了枫叶的形状、气味、质感、颜色等方面，进行了细致的描绘。同时在细腻描写的过程中，巧妙运用了比喻、拟人等修辞手法，调动多种感官，生动形象地再现了枫叶，给人留下了深刻的印象。动静结合，想象丰富，写活了枫叶，如"小小的枫叶在天空中飞舞，像是一只只翩翩起舞的红色蝴蝶，又像是一封封天空寄来的红色明信片"。

小作者还注意了一定的观察顺序，观察点"羊肠小路上"，由整体到局部再到整体，有次序地进行观察，使习作内容清楚明白、条理清晰。字里行间饱含了小作者对枫叶的无限喜爱之情。例如，"小心翼翼""细细地端详""忍不住""爱不释手""赞不绝口""轻轻地抚摸""情不自禁地"等词语，喜爱之情贯穿习作始终。结尾"我爱秋天，更爱秋天的枫叶！"再次直抒情感，首尾呼应，升华主题。整篇习作，结构严谨、语句流畅生动，可见小作者的语言表达功底。

# 第二十六节　美拍美文实践——英语节

**习作内容：**

英语节。

**习作目标：**

1. 体会心理活动描写在叙事性作文中的作用。

2. 把英语节活动的过程、感受具体完整地表达出来。

3. 懂得心理活动描写就是要写出自己真实的内心感受，流露对学校生活的热爱。

**习作案例：**

## 快乐的英语节

### 马子函

盼星星、盼月亮，我们期盼已久的、一年一度的英语节终于来临了！同学们一个个争先恐后地以饱满的精神迎接这个特殊的节日，兴高采烈地参加了英语节开幕式的各项活动。

活动刚开始，全校师生载歌载舞，一边唱英文歌曲，一边舞蹈。此时此刻，我们的心情无比激动，我们的歌声悦耳动听，我们的舞姿整齐划一，一幅生机勃勃的景象呈现在校园里。

英语节开幕仪式

接下来是每个年级的表演，一年级到四年级的表演很快就结束了。轮到五年级演出了，我们齐声歌唱英语儿童歌曲。令人哭笑不得的是，这歌曲伴奏的节奏竟然和我们平时练习的不一样，搞得我们惊慌失措，像热锅上的蚂蚁，好在我们很快就稳住了阵脚，重新把握住节奏，开始全神贯注地表演了。要问哪个班级动作最抢眼，我们班自然是当之无愧了，因为我们站在最边上，最引人注目了！我们动作非常整齐，从后往前看，只能看见一个人的头，一个人的手，一个人的腿，就像是一个人在表演似的。再听听这歌声，哪个班的声音最响亮？当然也是咱们班了！一分耕耘，一分收获，你可知道，我们在这之前付出了多少辛勤的汗水？在一个多星期前，我们就在英语课上一遍一遍地练习，舞蹈和歌曲都练过几十遍呢！

精彩的英语节，精彩的表演，精彩的一天！

**精彩点评：**

写好人物的心理活动，是塑造人物形象、刻画人物性格的重要手段。通过对人物心理活动的描写，能够直接深入人物心灵，揭示人物内心世界，表现人物丰富而复杂的感情。《快乐的英语节》就细致描写了"我"的心理活动。

那么，如何写好人物的心理活动呢？首先，要抓住人物语言、神情、动作来表现人物心理。如文中"同学们一个个争先恐后地以饱满的精神迎接这个特殊的节日，兴高采烈地参加了英语节开幕式的各项活动。""令人哭笑不得的是，这歌曲伴奏的节奏竟然和我们平时练习的不一样，搞得我们惊慌失措，像热锅上的蚂蚁，好在我们很快就稳住了阵脚，重新把握住节奏，开始全神贯注地表演了。"从动作描写中可以体会到"我"的内心活动，"我"的紧张、兴奋之情。

其次，在进行心理描写时，要注意所写的心理必须符合人物的年龄、身份。假如让孩子表现出成人的心理特点，那就不真实，不能令人信服。如习作中"要问哪个班级动作最抢眼，我们班自然是当之无愧了，因为我们站在最边上，最引人注目了！"就很符合孩子的心理。

# 第二十七节　美拍美文实践——元旦节

**习作内容：**

元旦节。

**习作目标：**

1. 交流自己搜集到的庆祝元旦的民风民俗，交流时做到内容充实，表达流利。

2. 学习详略分明的方法，抓住特点介绍民俗的写作方法。

3. 启发学生感受并表现周围生活中美好的事物，从而体验到生活的乐趣，通过生动有趣的庆祝活动，培养学生健康的审美情趣和良好的品德情操，以及对家乡节日文化的热爱之情。

**习作案例：**

## 快乐元旦

夏晨曦

今天早上，我们一家和二姨一家都要到外婆家吃团圆饭，我可高兴了！

早上来时，街上的人可多了，人山人海，车水马龙，马路被挤得水泄不通。到了城市最热闹的地方——兴湖花苑，那里所有的商店都在"竞争"，因为今天是值得庆祝的日子——元旦。有的商店放着音乐；有的商店里的员工在外面跳舞；还有的商店拿出金蛋，放在舞台上，让顾客砸金蛋……看着外面的景象，我们不知不觉就到了外婆家——学府文苑。

到了外婆家，每个人都很忙，妈妈在削土豆，二姨在剁肉，外婆在腌辣椒，外公在外面买鱼，二姨夫、爸爸、我和弟弟一起在带小妹妹们。一切准备就绪，我们就等着吃饭了。过

团圆饭

了一会儿，香喷喷的菜端上了桌，有红烧鱼、辣椒土豆条、红烧肉……土豆条甜甜的，特别好吃，红烧鱼有点辣，但是有着很浓的酱香味。总的来说，今天的菜很丰富，同时也很油腻，以油炸居多。我犯难了，在镜子面前审视自己那颗小小的红红的青春痘，一番挣扎之后我选择继续吃。

新的一年开始了，在这里祝大家身体健康、万事如意，希望我在新的一年里学习成绩一直名列前茅。

**精彩点评：**

要真正实现学生的自主写作，得大胆放开，也就是说要"减少对学生写作的束缚，鼓励自由表达和有创意的表达"。真正的自主写作应当是"情动而词发"，想怎么写就怎么写，想写什么就写什么。充分发挥学生的主体精神，让他们无拘无束、自由自在地写作。尽可能地拓展写作空间，减少束缚，少写命题作文。

这篇文章感情真挚，主题很鲜明，表达了作者对"元旦"的感慨，文章思路清晰，结构完整，描写生动，寓情于景，材料典型，语言富有生活气息。

作者叙写了元旦节日里看外婆的事件，文章开头开门见山，引出下文的叙述。作者将事情过程叙述得很到位，对人物的动作和语言描写十分传神，例如"削""剁""腌"等词语，形象地写出了一家人忙碌的画面，渲染了热闹的氛围；又如"在镜子面前审视自己那颗小小的红红的青春痘，一番挣扎之后我选择继续吃"，语言幽默风趣，写出小作者想吃油炸食品又害怕长痘痘影响外貌的矛盾心理，符合人物特征，容易引起同龄人的共鸣。

# 参考文献

### 标准

[1] 中华人民共和国教育部制定 . 义务教育语文课程标准（2022 年版）[S]. 北京：北京师范大学出版社，2022.

### 专著类

[1] 陶行知 . 陶行知文集 [M]. 南京：江苏教育出版社，2008.

[2] 叶圣陶 . 怎样写作 [M]. 北京：中华书局，2007.

[3] 方明生 . 日本生活作文教育研究 [M]. 上海：上海教育出版社，2002.

[4] 胡斌 . 文化生活作文理论与实践研究 [M]. 成都：四川大学出版社，2018.

[5] 孙建龙 . 小学写作教学的理论与实践 [M]. 北京：首都师范大学出版社，2007.

[6] 周存辉 . 小学生活作文教学微探 [M]. 桂林：广西师范大学出版社，2011.

[7] 李永红 . 新课堂作文：生活化作文 [M]. 重庆：重庆出版社，2012.

[8] 叶黎明 . 写作教学内容新论 [M]. 上海：上海教育出版社，2012.

### 期刊类

[1] 蒋传宝 . 小学生"生活化作文"教学谈 [J]. 教育观察，2007（8）：105-106.

[2] 夏灿 . 小学生活作文教学研究评述 [J]. 现代教育科学普教研究，2015（1）：135-137.

[3] 王亚娟.“源于生活、回归生活、热爱生活”小学生活化作文教学策略思考 [J].学周刊，2015（7）：164.

[4] 刘光成.我国百年作文命题的考究与求索 [J].教育测量与评价,2008( 1 )：43-47.

[5] 王荣生.从文体角度看中小学作文教学 [J].上海教育科研，2008（3）：34-35.

[6] 王秋琼.浅谈“模拟生活”作文教学 [J].文教学研究，2005（3）：56.

[7] 张兴堂.生活化作文的思考与研究 [J].语文建设，2014（15）：79-80.

[8] 何昌雅.小学语文作文的生活化教学策略浅谈 [J].读与写（教育教学刊），2013（3）：187.

[9] 王栋生.作文到底出了什么问题 [J].人民教育，2008（5）：134.

[10] 任小琼.丰富多彩的生活是作文的源泉 [J].课程与教学，2011（8）：45.

[11] 顾三川.论新课程背景下小学生活作文教学 [J].文学教育，2007（10）：67.

## 学位论文类

[1] 方明生.日本生活作文教育研究 [D].上海：华东师范大学，1998.

[2] 周昕.小学中年级生活作文教学策略研究 [D].长春：东北师范大学，2012.

[3] 雷雨.中国小学主题生活作文教学研究 [D].重庆：西南大学，2009.

[4] 许艳红.小学生活化写作教学模式的构建与研究 [D].重庆：西南大学，2011.

[5] 窦霞.小学活动作文教学策略研究 [D].上海：华东师范大学，2011.

[6] 关麦华.小学高年级“生活作文”教育现状的调查与研究 [D].上海：上海师范大学，2013.